这才是清朝

十全天子

鹿鼎公子◎著

中国法制出版社
CHINA LEGAL PUBLISHING HOUSE

总序

清史洋洋洒洒近三百年，三百年间怪事、奇事、惨事、恨事迭出，三百年年年都精彩，年年都有挥之不去的喜怒爱恨。整个清朝三百年，几乎囊括了人性中的一切黑暗面，三百年，道不尽的风云爱恨。

努尔哈赤以十三副铠甲起兵，建立了后金，身后留下了无数的尸体，却最终倒在宁远城下，栽在书生袁崇焕手中，这是上天对一个暴力征服者的最大讽刺。随后，努尔哈赤诸子开始斗智斗勇，最后皇太极靠谋略成为老大。

皇太极穷其一生的精力都在与明朝对抗，不幸暴毙后，大清国的统治陷入危机之中，多尔衮与豪格之争最终便宜了顺治。多尔衮率领清军入关后，成为皇父摄政王，将全国军政大权操于一手，顺治完全被架空。此时，孝庄和顺治母子随时都有生命危险，危难关头，孝庄稳住多尔衮，终于使大清逃过这一劫。

顺治是个痴情天子，亲政后经常跟母亲孝庄闹不愉快，结果自己和董鄂妃双双早逝。康熙继位时才八岁，不过这是个早熟的孩子，也是个很有天赋的孩子，很早就懂得帝王之术。在别人还是懵懂少年时，他就已经像个猎人一样盯紧了鳌拜，除掉鳌拜之后，康熙终于有机会施展自己的雄才大略。

康熙神不知鬼不觉地除掉鳌拜，平定三藩之乱，收复台湾，荡平准噶尔，击退沙俄……

雍正在治国理念上最大限度地奉行韩非子的法家思想。乾隆是个自作聪明的皇帝，他继位后，废除雍正的严刑峻法思路，重新走康熙的路子。但乾隆并不懂康熙真正的治国精髓，结果变成了外用儒术、内用权术，所以清朝在乾隆时期开始走向衰落。

自乾隆后期，动乱纷起，尤其是白莲教起义几乎波及整个中国。到了嘉庆手中，国家元气已大伤，嘉庆虽然是个仁君，可惜终究没有先祖那份雄才。他虽然减缓了国家的衰败，但始终没能重振大清的雄风。到了道光手中，国家就更惨了，第一次鸦片战争被英国人欺负得够呛，国内的动乱更是风起云涌。

咸丰就更悲剧了，太平天国和天地会起义，全国天翻地覆。更糟的是英法联军来了，他连京城都保不住，年仅三十岁便郁郁而终。咸丰死后，朝政大权掌握在慈禧手中，国家每况愈下，虽然中途出现过洋务运动和维新变法，可惜终究是昙花一现。

清末虽然出现了曾国藩、江忠源、左宗棠这样的中兴名臣，但亡局已定，神仙也不能力挽狂澜。最终，辛亥革命一声炮响，末代皇帝溥仪退位。

千古帝王，悠悠万事，功过自有百姓言，清朝这些事儿，就交给读者去慢慢品味吧！

序言

乾隆不是清朝最英明的皇帝，最英明的皇帝是康熙；乾隆不是清朝最勤政的皇帝，最勤政的皇帝是雍正；乾隆也不是清朝最仁厚的皇帝，最仁厚的皇帝是嘉庆；但乾隆却是清朝最有福气的皇帝，康熙说乾隆的福气将来超过自己，一点也没错。乾隆盛年继位，无风无雨，没有人跟乾隆抢皇位。乾隆继位时，雍正已经为他打下了良好的基础，该做的事情雍正基本上都做完了。乾隆活了八十八岁，实际掌权的时间超过康熙在位的时间。

然而，就是这样一个福气深厚的皇帝，他的身世却不明不白。有人说他的生母是承德避暑山庄的傻大姐，有人说他是海宁陈阁老的儿子，乾隆到底出生在什么地方，连他的儿子嘉庆都不清楚。

除了身世离奇，乾隆在其他方面无可指摘，帝王之术在他那里发挥到极致。说到聪明，乾隆可能超过了康熙和雍正，但论起大智慧，他又远远比不上他们，所以他可以用权术干净利落地收拾鄂尔泰和张廷玉党羽，但是他却无法遏制官僚集团越来越腐败的趋势。乾隆可以大手一挥，减免天下百姓的赋税，让万民得到真正的实惠，但是对于造反的“暴民”，乾隆杀起来毫不手软，比康熙和雍正更冷酷无情。

乾隆就是这样一个皇帝，善与恶、正与邪在他身上展现到极致。世人都清楚乾隆是一个风流的皇帝，这可能跟他六下江南的风流艳遇有关，但乾隆的真正面目并不是一个风流天子，而是一个乾纲独断、杀伐无情的皇帝。乾隆心肠之狠、手段之猛在清朝皇帝中也是数一数二的，这在文字狱中表现得尤为明显。

乾隆自己喜欢到处题诗，但是在乾隆朝当官写诗是非常危险的一件事。乾隆对文字很敏感，他曾经根据两句诗推断出幕后有一个造反集团，而且还真被他料中了，所以他对自己的文字直觉非常自信。乾隆有一个癖好，喜欢从别人的文章诗句中推测出这个人的谋逆不轨之心。乾隆明显对文字狱有一种变态的嗜好，所以乾隆朝的文字狱在两千多年的封建社会里达到顶峰。

在乾隆朝轰动全国的文字狱案件中，一个独裁君主内心深处的阴暗面暴露无遗。

当然，在生活中乾隆是一个很有人情味的皇帝，一生深爱原配孝贤皇后；孝贤皇后三十多岁离开人世后，乾隆再也没有找到真爱，所以成为一个“风流天子”。乾隆一生留下了太多风流韵事，以至于有传言说福康安是他的私生子。

我们可以用四个关键词概括乾隆的一生：权术、武功、女人、风雅。乾隆的一生从来就没有离开权术，权术是驾驭整个帝国的基本手段。在位六十多年，乾隆穷兵黩武，处处彰显帝国的武力，也拓展了大清的版图；武功反映了他内心深处好大喜功的一面，但也属于他政绩的一部分。至于女人和风雅，对乾隆来说都是私生活不可或缺的情调，文治武功之外，还需要女人和风雅来陶冶性情。

晚年，乾隆称自己为十全老人。这十全并不是什么文治和德政，而是指十次征战。由此可见，在内心深处，乾隆跟清朝的皇帝们一脉相承，都认为武功远比其他东西要重要。在乾隆身上，流淌着先祖们打江山的血性。

目录

第一章　扑朔迷离的身世

乾隆上台后做的第一件事就是把曾静的脑袋砍了；继承了爱新觉罗家族对舆论管制的优良传统，扭转了他父亲极其有限的人权倾向。即便如此，乾隆也无法回避自己的身世问题。

乾隆的出生地就是一个谜。这个谜直接关系到乾隆是谁生的。

出生地之谜

乾隆是中国古代活得最长的皇帝，享年八十八岁，算上他当太上皇的时间，也是中国掌权时间最长的帝王。

乾隆在历史上的知名度非常高，但是他的身世却不明不白，直到现在还没有一个确切的结论。这又是怎么回事呢？

在浙江海宁，有一个广为流传的说法，说乾隆是汉人；金庸把这个民间传说引入《书剑恩仇录》中，让我们看到陈家洛与乾隆之间离奇曲折的故事。

乾隆身上的谜实在太多了，这些谜直接关系到乾隆继位的正统性与合法性。乾隆的父亲雍正曾被人怀疑继位不合法，对此非常头疼，不得不放下九五之尊的架子平心静气地跟书生曾静辩论。最后反而越辩越黑。

乾隆上台后做的第一件事就是把曾静的脑袋砍了；继承了爱新觉罗家族对舆论管制的优良传统，扭转了他父亲极其有限的人权倾向。即便如此，乾隆也无法回避自己的身世问题。

乾隆的出生地就是一个谜。这个谜直接关系到乾隆是谁生的。

关于乾隆的出生地，有两种说法：一个是雍和宫，一个是承德避暑山庄。这个说法在乾隆统治早期就出现了。

在清代的官方资料里，乾隆出生于雍和宫。《清高宗实录》里明确写道："高宗纯皇帝，讳弘历，世宗宪皇帝第四子也……以康熙五十年辛卯，八月十三日子时，诞上于雍和宫邸。"

雍和宫位于北京城东北，现在是一座喇嘛庙。康熙年间，雍正住在这里，那时候叫雍王府。雍正当皇帝后，将自己的王府改成喇嘛庙，更名为雍和宫。

为什么官方记载得明明白白的资料会引起这么多不同的意见呢？

为了证明自己出生在雍和宫，乾隆可以说是费尽心力，在《御制诗集》里再三提到自己诞生于雍和宫。

乾隆五十年（1785年）正月初七，也就是古代的人日节，女娲在第七天造人，所以这天也就是人的节日。这一天，乾隆到雍和宫礼佛，写了一首诗：

首岁跃龙邸，年年礼必行。
故宫开詄荡，净域本光明。
书室聊成憩，经编无暇横。
来瞻值人日，吾亦念初生。

乾隆在人日这天来雍和宫礼佛，想起了自己当年出生在这里——来瞻值人日，吾亦念初生。写得声情并茂，仿佛是为了告诉世人，我乾隆百分之百是在雍和宫出生的。这方面的诗句还有很多，譬如："斋阁东厢胥熟路，忆亲唯念我初生""十二幼龄才离此，讶今瞥眼七旬人""虽曰无生俞宗旨，到此每忆我生初""尚忆初生我，忽来八十翁""跃龙池自我生初，七岁从师始读书"……

类似的诗句实在太多了，乾隆一再强调自己是出生在雍和宫的东厢房。不仅如此，乾隆还在一些诗中作注，强调自己确实出生在雍和宫。乾隆在诗句下写道："我确实是在康熙辛卯年出生在雍和宫的……我在康熙辛卯年出生在这雍和宫里，到十二岁时离开，祖父把我召到宫里抚养。"

越是强调越是让人怀疑。当时，朝野上下有很多人对此表示怀疑，很多人认为乾隆并不是出生在雍和宫，而是出生在承德避暑山庄的狮子园，乾隆的儿子嘉庆就持这种看法。说白了，可能连乾隆自己都不清楚这事。

最早对乾隆出生地提出疑问的是军机章京管世铭。管世铭曾多次跟着乾隆到承德避暑山庄打猎，并先后写下三十四首诗记录打猎的过程，其中在第四首诗中提到了乾隆的出生地点：

庆善祥开华渚虹，降生犹忆旧时宫。
年年讳日行香去，狮子园边感圣衷。

管世铭还在这首诗下加了一个注：狮子园是当今皇帝的降生之地，乾隆常常在先帝驾崩的忌日到那里小住几天。

狮子园是承德避暑山庄外的一座园林，背靠着一座状如狮子的山，是雍正做皇子时的房产。在承德山庄避暑的时候，雍正一家就住在这里。管世铭担任军机章京的时间很长，消息灵通，他说乾隆出生在狮子园，还是有一定可信度的，绝不是信口开河。嘉庆对此也是认可的。

嘉庆刚刚登基的那年，乾隆在避暑山庄过万寿节，嘉庆写了一首诗，开头两句是："肇建山庄辛卯年，寿同无量庆因缘。"嘉庆还在诗下面加了一个注：康熙辛卯年建立山庄，皇父在这年诞生于都福之庭，其中的因缘巧合实在不可思议。都福之庭是各种各样的福气汇聚的地方，意指承德避暑山庄。

第二年，乾隆在承德避暑山庄过生日，嘉庆又写了一首诗，这首诗下面又有一个注解，明确说乾隆诞生于承德避暑山庄。

嘉庆写的这两首诗都是为乾隆祝寿的，乾隆应该看过。但是，史书没有记载乾隆的反应。估计乾隆是不太高兴的，又不能明说，而嘉庆并不知道老父心中的死结之深。

乾隆的身世为何这么玄乎

雍和宫是乾隆自己坚持的出生地，狮子园呢，是其他人的看法。那么，乾隆到底出生在哪里呢？

嘉庆十二年（1807 年），编纂《清高宗实录》和《圣训》的时候，嘉庆审阅书稿时发现了一个问题。他发现这两本书都把父亲的出生地写成了雍和宫，嘉庆看着疑窦丛生，怎么会这样呢？皇父明明是出生在承德避暑山庄的。嘉庆心想，这些史官也太粗心了吧！愤怒之下，嘉庆招来史官们质问："你们怎么搞的，连皇父的出生地都搞错？"

没想到史官们居然一点都不慌张，他们不紧不慢地拿出"证据"，所谓的证据就是乾隆自己写的诗文和注脚。很多史书说，面对白纸黑字，嘉庆的疑惑解开了。事实恰好相反，他陷入了更大的困惑中。虽然他默认史书将皇父的出生地写成雍和宫，但始终猜不透父亲为什么一定要强调自己出生在雍和宫，后来才想通了：关于父亲的身世，流言太多，只有出生在雍和宫才能断绝流言，如果是出生在狮子园，就会给这些流言可乘之机。

当然，乾隆到底是不是出生在狮子园，嘉庆自己也不知道，也是听人说的。虽然嘉庆在官方文书中同意将乾隆的出生地改为雍和宫，但并没有把这件事公之于众。

到了道光朝，乾隆的出生地再次引起轩然大波。嘉庆二十五年（1820年）七月二十五日，时年六十一岁的嘉庆在承德避暑山庄打猎，突然驾崩，事前没有任何征兆。在驾崩之前，嘉庆的身体很健康，没有什么病，所以关于嘉庆之死又成为清宫的一个谜案，有传言说嘉庆是被雷劈死的。

传闻描述得有鼻子有眼，说嘉庆到达避暑山庄后，稍微休息片刻，就率领大队人马奔向木兰围场。然而，这次非常特别，嘉庆等人围猎了几天，也没发现什么猎物，老虎、豹子、熊之类的根本没看到，就连平常遍地都能见到的麋鹿都很少。嘉庆非常扫兴，决定提前收工，结束秋狩。

没想到回来的路上，天气突变，原本秋高气爽，晴空朗朗，突然之间，雷电交加，大雨倾盆。那么多人，偏偏闪电就击中了嘉庆皇帝，将他击落马下，当场身亡。还有一种说法是嘉庆在承德避暑山庄处理政务，突然之间被闪电电死。这些说法有一个共同点，就是雷电跟嘉庆有仇，别人不劈，就劈嘉庆。

还有一个说法更八卦，说嘉庆喜欢一个小太监，经常跟那个小太监偷情。这天，来到承德避暑山庄后，嘉庆和小太监玩得更过火，两人在“烟波致爽殿”后面的一个名叫“云山胜地”的小楼里寻欢作乐。就在他们淫乐之时，忽然一道闪电从云层中劈下来，在嘉庆身上炸开，嘉庆当场丧命。

遭雷劈后，嘉庆尸体烧焦，面目全非，没办法入殓。为了防止皇帝被雷劈这样的丑事被外界知道，大臣们经过商议后想出一个办法，把一个相貌和体型跟嘉庆相似的太监绞死，然后再进行尸体化妆。将嘉庆的遗骸放在棺材底部，上面躺着的是经过化妆的太监尸体，通过这种方式掩人耳目，然后将遗体运到北京埋葬。这个说法虽然广为流传，但是没有任何事实根据。

嘉庆这一死不要紧，他的遗诏可害苦了道光，这份遗诏中再次提到了乾隆的出生地，仍然把乾隆的出生地说成是承德避暑山庄。遗诏说：“皇父乾隆当年就是诞生于承德避暑山庄，今天我死在这里，也没有什么可遗憾的了。”

大臣们都觉得遗诏没问题，把遗诏公开发布，还发往了清朝的各个藩属国。这个新继位的道光皇帝也认为乾隆出生在承德避暑山庄，所以没看出问题。后来，他查《清高宗实录》才发现了问题。出了问题后，他立即快马加鞭，命令以每天六百里的加急速度，让人把发往各藩属国的遗诏追回来。

为了使遗诏与《清高宗实录》一致，道光不得不改写遗诏，把遗诏中乾隆诞生于承德避暑山庄改写成乾隆的画像挂在避暑山庄。

道光为了结束争论，决定一锤定音，将乾隆的出生地定在雍和宫，从此不准朝臣有任何异议。道光甚至修改父亲嘉庆的诗集，把里面说乾隆诞生于狮子园的说法统统改了过来。道光企图断绝“谬种流传”，可惜嘉庆的这些诗早已流传开来，这种修改不但没有起到根绝流言的作用，反而有此地无银三百两的嫌疑，结果让乾隆的出身更加扑朔迷离。

至今，历史学家还弄不清楚乾隆的出生地究竟在哪里。我们可以做一个猜测：如果乾隆诞生在雍和宫会怎么样？如果乾隆诞生在雍和宫，那么清王室皆大欢喜，一切正统，乾隆是血统纯正的皇帝。站在乾隆的立场上，他肯定坚持自己是出生在雍和宫，不管是不是真的出生在雍和宫。确定了这一点，乾隆自己的《御制诗集》就不能作为他诞生在雍和宫的证据。除非能够找到一些其他的证据，否则我们不能根据乾隆自己的说法断定他出生在雍和宫。

管世铭、嘉庆等认为乾隆出生在狮子园，他们都不是乾隆的仇人，没必要故意丑化乾隆，而且丑化乾隆会担很大的风险。所以说，管世铭和嘉庆说乾隆诞生于狮子园肯定是有一定根据的，虽然可以肯定他们都没亲眼见到乾隆出生于狮子园。我们也找不到直接的证据证明乾隆出生在狮子园，但是综合考虑，狮子园的可能性要大一些。

离奇的生母

乾隆的出生地不明不白，难免让人怀疑他的生母出身。

关于乾隆生母的说法更离奇，至少有四种说法。

一、承德的贫家女

道光之后，第一个说乾隆生母有问题的是晚清著名学者王闿运。王闿运不仅是一个学者，也是一个诗人，曾经担任曾国藩的幕僚，交游甚广。在王闿运的《湘绮楼文集》中，有一篇《今列女传》的文章，里面说乾隆的母亲是钮祜禄氏——这点跟正史记载相同，不同的是正史说乾隆的母亲钮祜禄氏是满族八大家之一，出身名门。但是在王闿运的记载中，不是这样的，钮祜禄氏只是一个满族的贫家女，老家在承德。

对此，王闿运做了非常详细的记载，他说乾隆的母亲住在母家，家里贫穷，没有奴婢。十三岁的时候，她来到京城，最后误打误撞居然被选为宫女，被分配到雍王府做使唤丫鬟。有一年，身为皇子的雍正生了大病，这个宫女悉心照顾他，接连几十天衣不解带，让雍正非常感动，事后，雍正对她非常好，生下了乾隆。

王闿运的这个说法引起了清朝遗老的一片反对声，遗老们提出的反对意见也很在理，他们认为清廷对皇室的血统非常重视，选秀女的要求也极为严格，想混入选秀的队伍是不太可能的。一些对清史素有研究的学者也不赞同王闿运的说法，有些人认为王闿运的文章喜欢自由发挥，没有太大的可信度。

王闿运这个说法之所以流传这么广，也有他的道理，他把乾隆的生母跟承德联系在一起，让人联想到乾隆出生在承德避暑山庄。这个说法是不是真相，或者距离真相有多远就没人知道了，反正它有一定的影响力。虽然信的人不多，却让乾隆的身世越来越离奇。反对者的意见是清廷对血统非常重视，选秀的过程非常严格，应该说这种反对意见不太给力。就血统来说，康熙是满汉混血儿；过程非常严格也不能成为否定过程中出疏漏的理由。

二、热河行宫的傻大姐

王闿运的说法启发了一些人，有人开始猜测乾隆会不会是汉人女子的后代，这个汉人女子恰好住在热河一带，不正好跟乾隆出生在承德避暑山庄对应吗？

正像胡适说的“大胆猜测，小心求证”，即便是最离奇的猜测也是值得鼓励的，只要能自圆其说。巧的是这个说法还真的跟胡适有关，虽然不是胡适提出来的，但是由胡适记录下来的。

1922 年初春的一天，在香山双清别墅里有两个人在闲聊，一个是民国初年的国务总理熊希龄，一个是大名鼎鼎的学者胡适。当时窗外正下着小雨，熊希龄告诉胡适，他曾去过热河行宫，看到行宫内“东宫”（太子园）之前有一座低矮的茅草屋。“东宫”是当年雍正居住的地方，怎么前面有一间茅草屋呢？不伦不类。熊希龄看到这一幕心中泛起阵阵疑惑，便到处询问其中的缘由，但是行宫之内没有人能说出个所以然。

最后，熊希龄找到一个八十多岁的老宫役，他告诉了熊希龄其中的缘故。胡适在日记中记录了这件事，我们不妨摘录下来：

乾隆帝生母为南方人，诨名“傻大姐”，随其家人到热河营生。时方选秀女，临时缺一名，遂把她列入充数。后来太子（雍正）病重，傻大姐在侍女之列，服侍最勤，四十余日衣不解带，太子感其德，病愈后遂与她有关系，她后来在一个茅棚内生一子，即乾隆帝也。后来乾隆帝就在产生之地作此茅屋，留为纪念。

胡适很赞同熊希龄的“傻大姐”说法，并且认为乾隆确实很像傻大姐的儿子。胡适的这个说法让人很怀疑，乾隆是中国最多产的诗人，怎么像傻大姐的儿子了？从遗传学来说，乾隆确实不像傻大姐的儿子，也许乾隆是一个劳民伤财的皇帝，但他绝对不是个呆滞蠢笨的人，所以从基因的角度来说，乾隆不像是傻大姐的儿子。但乾隆毕竟有雍正这样的父亲，即使母亲真是个傻大姐，也有可能是很聪明的。所以，遗传学也不能否定乾隆是傻大姐的儿子。

那个老宫役说雍正是太子，雍正明显不是太子，一些人据此说老宫役说话漏洞百出不足为信。这些人过于书呆子了。老宫役是没什么文化的人，在他们眼里，最后当上皇帝的那个人在没当皇帝之前自然就是太子了。

所以，老宫役虽然用词不当，但说法未必错误，但是也没有其他有力的证据证明他说的话就是真相。

这个说法仍然存疑，有待考证。

三、丑女版国母

1944 年，关于乾隆生母问题又出现了一个新的版本。《古今文史》半月刊上登载了一篇名为《清乾隆帝的出生》的文章，作者是上海著名的杂文作家周黎庵。

周黎庵参照清朝遗老兼清史学者冒鹤亭的说法，披露了乾隆的出生之谜。周黎庵的观点更具戏剧性，他认为乾隆的生母姓李，是个丑陋无比的汉人女子，在热河行宫里当丫头，干一些粗活。有一年雍正跟随康熙到木兰围场狩猎，射中了一头鹿。大家知道，鹿血有壮阳作用。满族人习惯用鹿血补肾，雍正回到行宫后，让人把鹿宰掉，然后用大碗接鹿血喝。喝着喝着，不觉喝过了头，雍正顿时浑身燥热，血脉贲张。雍正放眼望去，身边又没有妃子，突然一个拿着烧火棍的丑女走了过来。雍正顾不得那么多了，直接拉过这个丑女就地幸御。

之后，雍正就把这事忘在脑后了，他没有料到自己已经播下了种子，这个种子就是乾隆。当年的冬天，雍正跟随康熙回京。第二年秋天，这父子俩又来打猎了。这时，这个姓李的丑女大腹便便，孩子快要生了。她找到雍正哭诉，康熙得知此事后非常生气，让人查出来后，痛骂了雍正一顿。

为了避免李氏亵渎宫殿，康熙指定她到一个马厩里临盆，李氏就在那里生下了乾隆。乾隆登基之后，念念不忘出生时母亲的凄凉光景，每年都要拨款修这个草房，所以这个小小的草房两百多年来一直保存完好。据说，乾隆南巡的时候几次带着皇太后，见过太后容貌的人都说太后奇丑无比。

周黎庵的观点是建立在冒鹤亭说法的基础上，而冒鹤亭是一个有来头的人，他曾经担任过热河都统的幕僚，这个说法他也是从热河行宫的宫监口中得知。

如此一来，我们可以看到乾隆的生母经过一个不断演化的过程，从满族贫女到汉族傻大姐，再到汉族丑女——整个过程中，清朝国力在不断下降，乾隆生母的身价也在呈不断下降的趋势。故事虽然越来越具有戏剧性，也显得越来越完整，更加能够自圆其说。

台湾地区学者庄练和历史学家高阳都赞同这个说法，并为此进行了论证。庄练经过大量考证后，认为正史中关于乾隆的身世记录是捏造的，乾隆应该出生于热河行宫，母亲是李氏。

庄练提出三条证据证明乾隆的生母是李氏。

一、根据《清圣祖实录》的记载，康熙五十年（1711 年）七月，皇子雍正曾专程到热河向康熙请安，这个时间恰好是乾隆生母临盆的时候，康熙召雍正到热河，就是为了向他询问这件事。

二、管世铭曾经再三提到乾隆诞生在狮子园。

三、官方史书《热河志》专门将这间简陋的草房写进史书中，并和其他典雅的楼阁一起写入狮子园的房屋中，这足以证明草房非同小可。

这三条证据足够证明乾隆的生母是李氏吗？说实话，不能，证据不足或者说没有直接证据。雍正确实在康熙五十年（1711 年）去热河请安，但是史书没有记载康熙是让雍正和李氏对质，而是让他过去度假休闲。针对第二条证据，就算乾隆出生在狮子园，也不能证明他就是李氏生的。那个引起争议的草屋虽然疑点重重，但也不能据此猜测乾隆的母亲是李氏，她就是在这里生下乾隆。

有“历史刑警”之称的高阳也认为乾隆的母亲是李氏，他也有自己的证据：

一、根据《清会典》的规定，亲王可以封侧福晋四人，但雍正当皇子时只有两个侧福晋，分别是年氏和李氏。钮祜禄氏是满洲八大族之一，父亲是四品内大臣，如果她真的生下乾隆，理应享有侧福晋的名号，但是在雍正继位之前，她一直是格格，地位很低。

二、高阳的第二个证据是乾隆在给钮祜禄氏上尊号的时候，从来没有用“诞育”二字。高阳说，在清朝，凡是因为生子而被尊为太后者都会在尊号前加上“诞育”二字，但是乾隆在给钮祜禄氏上尊号的时候，只用了“鞠育”这样的字，高阳认为这是抚养而不是生养的意思。

高阳的第一个证据多少还有些道理，第二个证据出现了漏洞，在古汉语里，鞠育既有抚养的意思，也有生养的意思，最早见于《诗经》：“父兮生我，母兮鞠我。”父母生我养我的意思，“鞠育”的正确解释是“生养”。

综合来看，认为乾隆的母亲是丑女也不是完全凭空捏造，但是缺乏强有力的证据。这个观点要想让人完全信服，必须挖掘出更多的证据。

四、正史中的版本——钮祜禄氏

正史中的白纸黑字写着乾隆的母亲是钮祜禄氏，钮祜禄氏是满族的一个豪族，出了不少大人物。不过，乾隆生母的这支钮祜禄氏则显得相对寒碜，没出现什么大人物，是大族中比较寒微的一支。钮祜禄氏的父亲只是个四品官，祖父没有一官半职。

根据正史记载，钮祜禄氏也是在十三岁的时候被选上秀女，进入雍王府伺候雍正。她的姿色和才貌都不是特别出色，身份一直是格格，相当于小妾。钮祜禄氏比雍正小十四岁，虽然年轻，但雍正对她没多少怜惜之情。雍正当上亲王后，钮祜禄氏的地位也没有任何改善。

进入雍王府七年后，她生下了唯一的孩子乾隆。但是，她却没有因此而富贵，一直当着格格，直到雍正登基，她才被封为妃子。当时乾隆的地位已经很高了，康熙生前，非常喜欢这个孙子，甚至有传言说康熙就是为了将来让这孙子当上皇帝才传位给雍正的。基于这一层原因，雍正登基后，钮祜禄氏的地位有了明显的改善，先是被封为熹妃，后来又晋升为熹贵妃。

乾隆登基后，钮祜禄氏被尊为皇太后，作为一个女人，她登上了至尊的地位，但是依然不改淳朴的本色。以前，在雍王府的时候，她的身份其实就相当于一个女仆，干很多粗活。当上太后，她并没有养尊处优，仍然保持着平常人的那种朴实。钮祜禄氏没多少文化，作为一个太后，她从不干涉朝政，而且生活节俭，是一个慈祥善良的老妇人。

这个钮祜禄氏的身体也非常健康，由于长期从事体力劳动，晚年时她仍然健朗，经常跟着乾隆出巡，游山玩水，爬山的时候健步如飞。这个老妇人活了八十五岁，乾隆的高寿显然是继承了她的基因。

钮祜禄氏是一个慈母，乾隆是一个孝子，母子的关系非常融洽。乾隆知道母亲早年受了不少苦，所以想极尽孝道，让母亲晚年享尽福气。乾隆经常去母亲那里请安，亲自伺候母亲吃饭，还常把母亲接到自己居住的圆明园里面来。每逢给母亲祝寿，乾隆都是极尽奢华，一定要把太后的寿诞做得比自己的生日更加隆重。乾隆的孝心到了不可思议的地步，他居然让人把母亲掉的头发收集起来，然后存放在一个金塔里面，称为金发塔。

在乾隆的诗作里面，有大量歌颂母亲的诗歌；如果说乾隆的孝道完全是作秀，那一个人还不得累死，所以这里面肯定是有真情实感的。母亲病逝后，乾隆悲痛欲绝，穿孝服，跪在母亲灵前不起，昼夜不进食。此后近一年的时间，这个诗情满腹的皇帝居然没写什么诗。

母子之情如果可以作假，那我们只能感叹乾隆作秀的功夫太强了。所以，我们倾向于认为正史中记载的钮祜禄氏就是乾隆的生母。

那么，这是不是证明乾隆就是出生在雍和宫呢？不一定，一个折中的理解是乾隆出生在狮子园，生母就是身份相对低微的钮祜禄氏。乾隆之所以一再强调自己出生在雍和宫，就是为了避免引起不必要的猜测和流言，这些流言不仅会玷污自己，也会玷污母亲，为此，他不惜编造一个善意的谎言。

陈阁老的儿子

关于乾隆身世最离谱的传说莫过于流传在浙江一带的偷龙换凤的传说。这种说法在清末开始流传，之前的传说都还肯定乾隆的父亲是雍正，只是母亲不明不白，这个传说干脆说乾隆的生父不是雍正，乾隆是浙江海宁陈阁老夫妇的儿子。

传说中，乾隆的生父是陈世倌，是杭州海宁的一个盐商，俗称陈阁老。这人在康熙年间入朝为官，与雍正的关系非常好，往来比较密切。某年某月某日，雍亲王的一个妃子和陈阁老的妇人在同一天都产下了孩子，雍亲王那边生的是女儿，陈阁老这边生的是儿子。听说两家同日生产，雍亲王非常好奇，让陈阁老把孩子抱到王府上来看看。

雍亲王夫妇看到这个孩子后，特别喜欢，竟然产生了调包的想法。

良久，雍亲王把孩子抱了出来，送还给陈阁老，然后就送他出府。陈阁老回家后，打开襁褓，发现之前的大胖小子变成了丫头。陈阁老大惊，但他很清楚这件事情关系重大，一旦漏了风声，可能会搭上全家性命。所以，他让家人不要声张。

没过多久，陈阁老就辞职回乡，精心抚养女儿。这个被换走的儿子，就是后来的乾隆皇帝。

这个传说一出炉，就迅速流传开来，而且越来越多的人找到一些“证据”印证着这个传说。有人说，乾隆六下江南，四次住在陈阁老的家里，其实就是为了探望亲生父母。还有人说乾隆在海宁屡次召见陈家子弟，对他们勉励有加，如果不是关系特别，有必要这么好吗？更有人绘声绘色地说，乾隆为陈阁老亲自书写了两块匾额，一块叫“爱日堂”，一块叫“春晖堂”。我们还记得孟郊的“谁言寸草心，报得三春晖”的诗句，春晖是用来歌颂父母之爱的。乾隆题的两块匾分明就是在暗示陈阁老夫妇是自己的亲生父母。因为这层关系，陈家在雍正和乾隆时代飞黄腾达，得到了很多特殊照顾。

这个传说听起来非常动人，有鼻子有眼。那么，雍亲王的女儿后来怎么样呢？传说也给出了合理的结局。陈家对这个女儿非常好，给她最好的教育和优待。长大后，她嫁到常熟的大姓蒋家里，她的丈夫是大学士蒋廷锡的儿子蒋溥。蒋家对这个“公主”也非常看重，特地为她盖了一栋豪华的楼阁，人们称之为公主楼。这个公主嫁到蒋家后，还带来了自己的嫁妆，嫁妆里面有御赐的金莲花，可以证明公主的身份。

这个传说非常完整，很容易让人相信，在民间流传得非常广，从金庸的《书剑恩仇录》中我们就可以看到其影响力。在《书剑恩仇录》中，乾隆是陈阁老的儿子，刚出生没多久就被雍正强行换走。陈阁老托红花会的总舵主于万亭秘密进宫，把自己的亲笔信交给乾隆。在信中，陈阁老将当年偷龙换凤的经过详细讲了出来，还指出乾隆左腿有一块胎记。得知身世后，乾隆向乳母求证，乳母所讲跟陈阁老一样。书中最精彩的一个地方莫过于乾隆的同胞兄弟陈家洛劝乾隆以民族大义为重，恢复汉人江山，可惜没有成功。虽然是亲兄弟，终因为环境不同造成了思想上的差异。陈家洛最后以悲剧收场。

对于这个传说，著名的清史专家孟森进行了严密的考证，得出结论：乾隆不可能是陈阁老的儿子。

我们来看看孟森的分析吧！

一、从历史记载的乾隆跟陈阁老的关系来看，他们不可能是父子关系。在清宫档案中，乾隆六年（1741 年）陈阁老因为犯错被革职，乾隆还当面责备陈阁老无能，不称职，总之是领导骂下属的话，丝毫不讲情面。而且乾隆对陈阁老的责骂并不只有这一次，很多时候都是在公众场合。如果是父子关系，这是很难想象的。孟森还指出，陈家鼎盛并不是因为乾隆的关系，这个陈家本来就是海宁的大族，在明朝末期就开始发迹，在康熙和雍正时达到顶峰。在乾隆时期，陈阁老并没有得到特殊的关照，反而不断走下坡路。

二、陈阁老家里确实有“爱日堂”和“春晖堂”两块匾，但孟森考证出这并不是乾隆题的，而是他的祖父康熙题的。所以，这块匾暗示陈阁老夫妇是乾隆父母就纯属瞎编。

三、乾隆六下江南，四次住在陈阁老家里，并不是为了探望父亲，而是为了视察钱塘江修坝工程。钱塘江大坝关系到国计民生，对国家的财政和漕运有很大的影响，所以乾隆对此高度重视。在海宁县里，陈阁老家里的条件最好，乾隆住在他这里也就丝毫不奇怪了。乾隆第一次住进陈阁老为他修建的隅园里，就为这园子取名为“安澜园”，可见他的目的是希望钱塘江平稳，造福苍生。乾隆在安澜园确实住过四次，但从来没有召见过陈阁老的子孙。

四、雍正没必要实行调包计。在乾隆出生之前，雍正已经有了一个八岁的儿子弘时，而且有一个王妃正临盆。雍正又不是没有儿子，没有必要拿别人家的孩子来为自己增加筹码，再说了，当时皇位争夺激烈，到底谁继承大统还都不清楚。如果雍正当不上皇帝，纵使抱来这么一个儿子又有什么意义呢？雍正是一个做事非常谨慎的人，这么精明的一个人不可能做出对自己不利的事情。他调换别人的儿子，这事一旦被揭发，前途尽毁，他有必要冒这么大的风险做这弊多利少的事情吗？

五、根据清王室的规矩，换子的可能性太小。如果王府中有皇孙诞生，必须立刻上报，宗人府再写专门的奏折给皇帝，然后皇帝为皇孙取名。如果雍正当年生了个女儿上报，后来又变成了一个儿子，他怎么跟上面交代呢？上报程序非常严格，雍正要想瞒天过海难度太大。

六、传说中雍正的女儿最后嫁给蒋家，而且蒋家为她修建了一座"公主楼"，但是经过考证发现，常熟人都不知道家乡有什么"公主楼"，连蒋家后人也不知道，甚至连"公主楼"的遗址都找不到。而且，那个所谓能证明皇女出嫁的金莲花，在清宫嫁女档案中也找不到这么个东西。

经过重重考证，孟森认定乾隆是海宁陈家的儿子纯属虚构，既没有事实的根据，也没有逻辑的说服力。

考虑到这个传说产生于清末，当时正值"驱除鞑虏、恢复中华"的思潮兴起，这个传说的目的当然不只是娱乐，更多的还是浓重的政治意识，其目的是为了应和"恢复大中华"的思潮。

第二章　有个性的皇帝

康熙与乾隆的见面充满了巧合因素。若不是那年圆明园的牡丹花开得特别鲜艳，若不是雍正有心提出请父亲来赏牡丹，这事或许就不会发生。

祖孙情

有一种传说，康熙之所以在临终前传位给雍正是为了雍正将来把皇位传给弘历。这种说法并非出自野史趣闻，而是来自乾隆自己的说法。裕陵前有一块《神功圣德碑》，那上面记载了乾隆一生的功绩，其中就讲到了这件事，说乾隆十二岁的时候，跟康熙在牡丹台宴饮，康熙说这个孙子的福气超过自己，决定将来把皇位传给这个孙子。

这个说法造成了一个什么结果呢？雍正只是一个过渡，

一个可有可无的人物。怪不得历史学家在书写康乾盛世的时候，也直接忽略雍正。这个说法到底有几分真实性，我们无从考证，但康熙和乾隆的祖孙之情确实为后人称道。

要知道，康熙光儿子就一大堆，孙子就更不用说了，很多孙子康熙连名字都叫不上来，乾隆是如何在这些人中脱颖而出的呢？

虽然这祖孙俩关系不错，但他们真正见面的时间很晚。在康熙六十一年（1722 年），也就是康熙生命中的最后一年，康熙与乾隆第一次见面，地点在圆明园，也就是雍正住的地方。当时乾隆是十二岁，第一次见到自己至高无上的祖父。

康熙与乾隆的见面充满了巧合因素。若不是那年圆明园的牡丹花开得特别鲜艳，若不是雍正有心提出请父亲来赏牡丹，这事或许就不会发生。

晚年的康熙为储位的事情伤透了脑筋，在储位之事上，只有雍正表现得那么淡然，如今雍正提出赏花，正好可以让老皇帝解解闷。

这一天是三月十二日，康熙驾临牡丹台，一边赏着牡丹花，一边喝着美酒，吹着春风，烦恼不知不觉就消逝了。

就在这时，雍正提出让皇帝见见自己两个儿子，雍正说："这俩孩子长到现在，还没见过祖父的圣颜呢！"

康熙顿时露出慈祥的笑容，说道："好啊，朕也想见见两个皇孙，听说他们的书读得相当好，你把他们叫过来看看吧！"

一般历史学家认为，雍正让康熙见弘历，其实是一种策略。这也是个见仁见智的问题，康熙若很欣赏自己的儿子，对自己登位确实有帮助，这可能是历史学家有此猜测的原因。

康熙的孙子接近一百个，弘历能够见到康熙，的确是一种幸运。历史上有名的康乾盛世因为这一见而有了联系，有了纽带。

见到两个孩子时，康熙顿时放下手中的酒杯。这位阅尽沧桑的老皇帝的眼光立刻锁定在弘历的身上，弟弟弘昼没有给康熙留下什么印象。康熙的目光落在弘历身上，弘历身材颀长，容貌也很清秀，乌黑的眼睛充满了灵气。在行礼的时候，弘历显得大方得体，没有小孩子常有的紧张，弟弟弘昼则显得紧张局促。

康熙阅人无数，一眼就认定弘历这孩子与众不同。康熙慈爱地让弘历到自己跟前，亲切地跟弘历聊了起来，聊着聊着就聊到读书上，弘历回答得得体大方，康熙听了，圣心大悦。

康熙认定弘历是自己孙子中最出色的，皇帝的喜爱是巨大的政治资本。回到畅春园后，康熙心里还是放不下弘历，又让人去询问雍正关于弘历的种种琐事，雍正心里极为高兴，这意味着他的政治投资收到了极大的效果。论起心术之高明，雍正似乎还在康熙之上。

没过几天，康熙又让雍正把弘历的八字送过去。古人比较相信生辰八字，认为人一生的吉凶祸福都藏在生辰八字里，康熙此举似乎是想看看弘历八字中有没有“大福”，所谓大福恐怕就是当皇帝。这对雍正一家来说，是非常好的迹象。

几天后，康熙再次驾临圆明园，这一次是康熙主动来的。他来这里不是为了吃饭，而是为了把弘历带到宫中，由自己亲自抚养。

经过大师们的研究，弘历的八字终于出来了，看到这个结果，康熙非常惊喜，弘历的福气真的可以超过自己。“乾隆八字”至今还藏在故宫博物院中，上面有相士的批语。乾隆的八字是：辛卯丁酉庚午丙子。批语是：此命富贵天然，这是不用说。占得性情异常，聪明秀气出众，为人仁孝，学必文武精微。幼岁总见浮灾，并不妨碍。运脚十六岁为之得运，该当身健，诸事遂心，志向更佳。命中看得妻星最贤最能，子息极多，寿元高厚。柱中四正成格祯祥。

乾隆的八字出奇地好，这可能是康熙打算把他带到宫中恩养的原因。在此之前，享受过这种待遇的只有太子的长子。

康熙厚待弘历，最大的受惠者是雍正。康熙即使再喜欢弘历，也不可能像朱元璋那样直接越过儿子传位给孙子。雍正把弘历介绍给康熙确实是一本万利的买卖，当然在此之前，雍正并不知道康熙会青睐弘历，但这是他试探老皇帝的一个机会，如果老皇帝把自己列入候选人的行列，肯定会关心自己的儿子。事实应该出乎雍正的意料，他没想到康熙会如此喜欢弘历这孩子，陡然之间，雍正的政治资本提高了不止一个档次。

四月，康熙出塞外巡视，带上了弘历。祖孙二人形影不离，在这接近五个月的时间里，他天天跟祖父待在一起。时值夏季，避暑山庄的风景非常不错。在山庄南部，有一个湖，湖边有一个宫殿，康熙亲自为这个宫殿题名“万壑松风”。康熙在这里处理政务，弘历就陪着他，练习书法。

一天，弘历正在鉴始斋里读书，忽然听到祖父喊他，弘历跑到门口一看，只见祖父正站在湖中的一艘龙舟上。弘历急忙跑过来，康熙看了，生怕他跌倒，大声喊道：“慢点儿，慢点儿。”当弘历跑到湖边时，康熙的龙舟也抵达湖边，弘历跳上船，康熙把他揽入怀中，说道：“慢点，有点闪失那还了得。”康熙的爱孙之情真挚可感，多年后弘历还牢记在心，六十年后弘历在诗中还提到此事。

承德避暑山庄分布着大量的湖泊，夏天的时候，一眼望去，莲花蔽天。某天，康熙和弘历在这里赏莲花。来到湖边的“观莲所”时，康熙指着窗外的莲花问：“读过周敦颐的《爱莲说》吗？”弘历一听，立刻背出《爱莲说》。不仅背出来，弘历还讲解其中的意思。康熙听了，很是欣慰，连连称赞。

康熙对弘历的考验不仅有文化方面，还有骑射。八月初，康熙带着弘历到木兰围场狩猎。秋风飒爽，弘历豪情万丈，跟着康熙围住了一头大熊。康熙用火枪击中一头大熊，大熊倒在地上一动不动，康熙为了给这孩子一个荣誉，特命弘历前去射死那头熊。弘历犹豫着，迟迟没有上前。康熙一看，觉得不对，平常挺欣赏这孩子的，怎么这会儿他这么胆小。

康熙大声说：“弘历，犹豫什么，还不快点上去！”

弘历只好带着几个侍卫策马过去，当弘历靠近大熊的时候，大熊突然翻身跳起，扑向弘历。所有人都惊呆了，情急之下，康熙朝大熊连开几枪，终于打死了大熊。这件事让康熙非常后怕，同时又觉得弘历逃过这一劫，命很大，他对大家说：“弘历这孩子的命大，如果他听我的话，早点过去，熊起来后马受惊，就要出大事了。这孩子命真大啊！”

当时，弘历的母亲钮祜禄氏正好在避暑山庄的狮子园里，康熙突发奇想，指名要看看钮祜禄氏。这对一个皇帝来说，简直是破天荒的举动，康熙连自己的孙子都没认全，居然产生了看看孙子母亲的想法，说明他在内心深处确实非常重视弘历。他看弘历生母的真正原因是为了看她的面相。

康熙来到狮子园，终于看到了钮祜禄氏，康熙自己懂一些相术，身边也有一些相士，看到钮祜禄氏的面相后，康熙啧啧叹道：“果然是有福之人啊！”日后，钮祜禄氏果然成为地位尊崇的太后。

受到皇帝公公的召见，是钮祜禄氏一生中的大事。在此之前，她一直是被人忽视的，钮祜禄氏长相虽然谈不上沉鱼落雁，但确实是一个非常优秀的母亲，始终有一副健康的体魄和平民本色。

康熙屡次说乾隆有福气，我们可以认为这是封建迷信，但也可以寻找一些遗传学上的解释。爱新觉罗家族有优良的基因，这从努尔哈赤以来的历代皇帝身上可以看出来。努尔哈赤、皇太极、康熙等人都有极高的智商、强大的自制力和无穷的能量。乾隆继承了这些来自父系的基因，乾隆的母亲又给了他什么呢？首先是健康强健的身体，其次是稳重淡定的性格。皇宫中的女人由于缺乏身体锻炼，体质并不好，但钮祜禄氏是一个例外。乾隆当皇帝后，钮祜禄氏跟着他游山玩水，爬山下乡，高兴得就像一个孩子。一个八十五岁的老人能有这样的体魄和心态确实是非常罕见的。

在身体素质上，乾隆明显超过父亲雍正，这跟母亲的优良基因是分不开的。

不走父亲的路

康熙六十一年（1722 年）十一月十三日，康熙大帝驾崩，弘历的父亲雍正继位。

雍正元年（1723 年），举行祈谷大典。回来后，他特地召弘历来养心殿，赐了一块肉给弘历吃。除此之外，雍正没说任何话。弘历也没有说话，默默地吃了这块肉。这虽然只是一块肉，却有很大的象征意义。本来雍正对儿子们是一视同仁的，这次大典后单召弘历，想必有另一层意思。聪明的弘历知道，父亲有意将自己立为储君。

但这件事是不能说出来的，大家心照不宣就可以了。鉴于康熙朝因储君的事情弄得朝纲混乱，皇帝和大臣们都束手无策，雍正决定一劳永逸地解决这个问题。雍正不想类似的事情发生在本朝，但是如果自己立太子，还是会发生兄弟相残互相攻讦的事，如何解决这个矛盾，既立储君，又让皇子们相安无事？

经过八个多月的思考，雍正终于解开了这个死结。他发明了秘密建储的制度，这项发明在中国历史上前无古人。

想出这个法子后，雍正在乾清宫召集满朝文武，宣布了自己的决定："从今以后，立储之事不公开。朕将未来的储君写在匣子里，当着大家的面把这个匣子藏在乾清宫"正大光明"的匾额后面。另外留一份朕亲笔书写的圣旨，藏在圆明园中。将来只需把两处密诏一对，就可以确定新君是谁。"

雍正规定，密匣子只有等自己死后才能拆开，拆开密匣子后，需要去圆明园找到雍正亲笔书写的诏书，比对以后确定无误，皇位继承人基本就决定了。这项制度既解决了储位空悬的问题，又解决了储君与皇帝争权和兄弟不睦的问题。这项决定还可以避免大臣们投资太子党，形成结党营私的局面，对皇权造成干扰。

三个月后，康熙的周年忌辰到了，雍正特命年仅十三岁的弘历前去祭奠景陵。第二年的这天，雍正还是让弘历去祭奠景陵。这些做法耐人寻味，无疑在告诉世人弘历就是未来的皇帝。

雍正十三年（1735 年）八月二十三日，史上最勤政的皇帝雍正驾崩。死亡非常突然，从生病到死亡才一天的时间。

由于雍正生前建立了秘密建储制度，他死后，权力过渡很平稳。临死前，雍正召亲信大臣张廷玉和鄂尔泰，并告诉他们藏在圆明园的密诏在什么地方。总管太监从圆明园中找出诏书，跟乾清宫大匾后面密匣中的诏书一对，传位给弘历。

政权过渡非常平稳，第二天弘历就颁布了三道谕旨，行使帝王权力。随后，弘历将父亲生前宠信的道士张太虚和王定乾等人赶出宫。此举大概说明了弘历意识到丹药对雍正身体的伤害。

当上皇帝是乾隆一生的重要转折点，兴奋之后不免有一些遗憾和怀旧。乾隆是有诗人气质的，他写过这样一首小诗："当年颇有少年心，上马飞驰下马吟。今日殷忧胜潇洒，壮怀减却杳难寻。"

说实话，这首诗写得不怎么样，但情感倒也真挚，无非是做皇帝很烦恼之类的，还不如当一个平民百姓自由快活呢——这是古今中外很多贵族喜欢发的"富贵牢骚"，真让他们去做平民百姓，他们也不愿意。

顺便说说乾隆跟雍正的关系。虽然是父子，但乾隆并不喜欢雍正。在生性洒脱的乾隆看来，这个父亲实在过于严苛，很难让人亲近。乾隆继位之后，很少提及这位父亲，即使提到了，语气也很平常，没有体现出对亡父的怀念和爱戴之情。倒是对康熙，乾隆经常怀念；康熙是一个慈祥的祖父，乾隆七八十岁还怀念当年康熙抱着他在承德避暑山庄玩的情景。就性格来说，乾隆跟雍正完全相反，跟康熙很接近，两个人都是很有“人情味”的皇帝。而雍正给人的印象是刻薄寡情，所以雍正给世人的印象并不好。

作为一个皇帝，雍正是挺冤的。他十三年里做出的改革比康熙六十一年还多，为乾隆盛世铺平了道路。在执政的十三年中，雍正几乎是拼命在工作，但拼命工作换来的结果却是大家的反感。雍正的改革对社会触动极大，几乎各个阶层的利益都被他插手了。雍正总是给人铁面无情的感觉，他很少表现出仁爱的一面，即使有所表现，也显得相当生硬和虚假。这样的皇帝很难受到众人的拥戴和喜欢，所以雍正生前死后都是骂名不断。

乾隆就比他的父亲雍正幸运得多，他二十五岁继位，年龄相当合适，而且他接手的摊子是少有的好。康熙和雍正把该做的事情都替他做了。在乾隆年间，国泰民安，人口大量增加。乾隆在位六十多年，吃喝玩乐，最终以八十八岁的高龄去世，将一个开始腐坏的摊子交给嘉庆。

乾隆当上皇帝后，立志做一个明君，跟康熙一样，他主张用仁义治理天下。早在当皇帝之前，乾隆就研究过历代帝王，在这些皇帝中，乾隆真正觉得不错的就是汉文帝和唐太宗。在乾隆看来，汉文帝比唐太宗还差了一截，他以唐太宗为榜样，希望有一天能够跟唐太宗齐名。

对乾隆来说，父亲雍正肯定不是心目中理想的君王，要想成为明君，得改变父亲的治国方略。

这位新继位的皇帝还没意识到他的父亲雍正对于他真正

的意义。雍正是一代明君，在他短短的执政岁月里，建立了秘密建储制度，解决了继承人斗争问题；创建密折制度，将大权集于一身，有效地控制了群臣，遏制了贪污腐败；创建军机处，提高政府的办事效率；改革八旗制度，推行摊丁入亩的政策，规定耗羡归公，设立养廉银制度……

可以说，雍正把该做的都做了，为乾隆留下了一个盛世的基础。由于雍正的改革无孔不入，得罪了大多数的人，雍正也因此留下了骂名。连乾隆最初也觉得父亲刻薄寡情，直到自己做了多年皇帝，他才开始理解父亲。

乾隆即位之后，首先将雍正曾经关押的宗室亲戚们释放，并归还爵位。

康熙以宽仁治国，雍正以猛严治国，乾隆也提出了自己的治国方略：以孝治国。

乾隆刻意表现自己仁厚的一面，不仅优待宗室子弟，而且从宽处理雍正朝的积案，对于在年羹尧和隆科多案子中受牵连的人，酌情录用。为了安慰广大士人，乾隆还宣布从今以后，一切文章和考试，大家可以自由发挥，尽情展现自己的才智，不用担心触犯忌讳什么的。乾隆还解释说，如果把恭敬和避讳混为一谈，就是误解了古人的意思，乾隆要把自己塑造成一个虚怀若谷的皇帝。

在处理曾静和张熙投书案时，乾隆暴露了自己的真实面目。对曾静和张熙，雍正并没有横加杀戮，而是将他们咒骂自己的文章以及自己辩解的文字合编成一部《大义觉迷录》，让他们回家，给乡亲们讲解《大义觉迷录》。此外，雍正还保证说："我的子孙将来也不能因为你们的诋毁而对你们穷加杀戮。"乾隆继位两个月后，就撕毁了雍正的契约，杀了这两人。乾隆有自己的理由："对曾静和张熙的宽大，只能在雍正朝。吕留良诽谤我的祖父，所以我父亲杀了他，曾静和张熙诽谤的是我父亲，我父亲没有杀他们，但对我来说，曾静和张熙诽谤的是我的父亲，所以我必须杀了他们。"

乾隆的意思仿佛是说："如果他们诋毁的是我，就可以逃脱死罪，不过轮到我儿子时，他们的死期就到了。"这当然只是一种借口，真实的目的还是维护清朝的统治。

乾隆真是一个幸运的皇帝，他接手的是一个股价不断上升的帝国。刚继位不久，他发现国库如此充实，便下达了一个惠民的政令：雍正十二年欠的赋税统统免交。这确实是一项很得人心的措施，减轻了广大人民的负担。

皇帝的"仁"

雍正对兄弟们的无情我们已经见识过了，在历史上，"阿齐那"和"塞思黑"直逼吕后的"人彘"。雍正不仅对兄弟们辣手无情，还将兄弟们的子孙后代永远开除出爱新觉罗家族。

乾隆很清楚，父亲的这些措施不论有无必要性，都会引起全社会的反感。古人注重孝悌之情，即便手足相残是一种政治需要，也不能表现得这么出格。继位一个月后，乾隆颁布了一个诏书，在诏书中乾隆说道，允禩和允禟这些人咎由自取，但他们的子孙是无罪的，不应该摒弃在玉牒之外，应当恢复他们的宗室地位。

乾隆给了这些人的子孙丰厚的物资，算是政治上的弥补。乾隆的仁政一时之间让大家感受到完全不同的风气，从前雍正朝严酷的气氛得以消融。

对于皇家的代理人官僚集团，乾隆也不再像过去那样对他们严密监控。在古代政治中，一朝天子一朝臣实在是家常便饭，但乾隆没有这么做。他没有罢黜过去那些老臣，也没有蓄意提拔一些新人来打压老臣。对雍正朝的重臣鄂尔泰和张廷玉这些人，乾隆非常尊敬，尊称他们为“先生”，给予他们丰厚的赏赐。

在继位之初，乾隆处处以唐太宗为榜样，他认为得人心远比控制人重要，也更有效果。对那些在雍正朝触犯法律的人，比如著名将军傅尔丹和岳钟琪在雍正朝因贻误军机获罪，两人已被判死刑，乾隆以无罪释放了他们。像查嗣庭和汪景祺这样的文字狱重犯，已经被处决，乾隆允许他们流放的家属回祖籍。至于那些被雍正抄家的官员，乾隆一概停止查抄，抄家之风点到为止，没有补足的亏空也不用再补了。

不到三个月，两千多个官员就从乾隆的仁政中得到好处。这些官员在雍正朝整日提心吊胆，随时担心自己的身家性命。

乾隆一下子就笼络住官僚集团，从这个意义来说，康熙当初说他有英雄气概确实不错。

乾隆被誉为中国历史上最著名的孝子皇帝。刚当皇帝时，虽然政务繁忙，他也没有因此让孝道有丝毫亏损，隔三岔五给母亲问安侍膳，对母亲的生活关怀备至。

大家知道，乾隆是一个相当奢侈的皇帝，但是刚登基的时候，乾隆非常节俭，连过年过节大臣们给自己进献礼物他都不接受。但是对于母亲的生日，他却办得非常铺张。

但皇帝身上都有共同的东西，就是对皇权的绝对把握，绝不允许别人分享这“神圣”的权力。即便是对自己的母亲，在权力这块，乾隆也是敏感的。

继位三天后，乾隆就召集太监和宫女，叮嘱他们：“国家政事，关系重大，你们绝不可以在太后面前讨论政事，让太后心烦。太后仁爱，生我养我，有什么事，母子之间自然会相互交流。宫廷之中，绝不可以随意风传市井之言，如果有什么传言，先跟我说。如果符合太后的心意，我自然会告诉太后。以后，如果你们随意在太后面前散布流言，我必治以重罪。”

乾隆的意思很明白，就是防止太后干政。

有一天，乾隆和母亲聊天，母亲说顺天府东面有一座破庙年久失修，快要倒塌，希望乾隆能出点钱修修。事情虽小，但也是一件好事。乾隆听了，满脸愉悦地答应了下来。太后走后，乾隆马上拉下脸，严厉责备太后身边的太监张保和陈福，骂他们在太后面前胡言乱语。乾隆告诫他们，以后这种事情，如果不先行陈奏，决不轻饶。

对自己母亲尚且如此，更何况对其他人。乾隆斥责张保和陈福，显然是给太后传递信息，我是孝子，也希望你做一个慈母，不要随意干政。太后也是一个明白人，从此不再管其他事，安享晚年。乾隆这是防患于未然，熟读史书，他深知太后干政和外戚专权的坏处。

对自己的兄弟们，乾隆也不放心。登位不久，乾隆就做出了一个决定，将皇族排除在核心权力之外。乾隆的两个弟弟分别是弘昼和弘瞻，乾隆跟弘昼的关系更亲，两人从小一起生活，一起读书。十二岁的时候，乾隆被康熙带到宫中，时常想念这个弟弟。

乾隆当上皇帝后，兄弟的关系反而疏远了不少。乾隆一方面想做一个好哥哥，另一方面也要提防弟弟觊觎皇位。在生活上，乾隆对两个弟弟极尽照顾，赏赐丰厚，还经常和他们一起饮酒赋诗，但乾隆经常旁敲侧击："只要做到不干政，就能保全富贵和名誉。"

有一次，乾隆让弘昼给八旗子弟做监考，考试开始后，乾隆仍然待在考场。弘昼对他说："你回宫吃饭吧，这里有我就行了。"乾隆虽然点头，仍然坐着不动，想多观察一会儿，担心这些八旗子弟作弊。

弘昼看自己的话没起作用，心中恼恨，说道："你难道连我都不相信，你不会认为我会被他们收买了吧？"

乾隆听了，脸色顿时阴沉下来，但他毕竟是个有涵养的皇帝，没有争执，甩袖而去。

乾隆走后，弘昼才知道自己犯了大错，心中后怕。第二天，他找到乾隆，当面认错。乾隆淡淡地说："你也知道错了。昨天，如果我跟你争执，双方吵了起来，你知道会发生什么吗？只怕你现在能不能站在这里都是问题。你说话虽然难听，但我清楚你心肠是好的，所以原谅了你，以后不要再发生这样的事了。记住，虽然你地位尊崇，但做事也一定要谨慎。"

乾隆说完，弘昼背上直冒冷汗。

还有一次，弘昼给太后跪安后，坐到了太后宝座旁边的一把藤椅上，没想到犯了大错，因为这把藤椅平常是乾隆坐的。乾隆指责他不懂礼节，在太后面前跪坐无状，就因为这事，弘昼被罚俸三年。

生长在皇家是没有自由的，弘昼很快就明白了这个道理。也许是因为这些挫折，弘昼性情逐渐改变，他知道政治是碰不得的，那东西不属于自己。身为皇帝的弟弟，地位何等的尊崇，在物质方面，弘昼要什么有什么。正如马斯洛所说，除了物质需求，人还有自我价值实现的愿望。

弘昼被乾隆剥夺了"干政"的自由后，整日无所事事，过着醉生梦死的生活，还不如一个朝臣有成就感。长此以往，弘昼产生了变态心理，居然在王府中玩起扮死人游戏，他经常躺在棺材里，让下人为自己哭丧。"活死人"反映了他真实的心理，他欣赏别人为自己哭丧的样子，与其说是一种恶作剧，不如说是以一种反讽的眼光看自己，他内心的孤独乾隆恐怕很难知道。

弘历能行

勤政皇帝雍正去世了，在去世之前他最担心的问题是：弘历这小子能行吗？

我们不要责怪雍正，能人都这样，因为自己太厉害，所以对别人都不怎么放心。雍正去世前的心情跟一代明君唐太宗的心境非常相似。

贞观二十三年（649 年）四月，唐太宗病危，紧急召集长孙无忌、褚遂良这些元老进宫，对他们说："太子仁懦，这个大家都晓得，我怕一口气喘不过来，将来这孩子被人欺负，你们替我好好照顾他……"

知子莫若父，李世民太了解李治了，幸好他自信自己对老臣们不错，他们应该不至于欺负自己的儿子。但作为一个乾纲独断的皇帝，把江山社稷交给一个懦弱无能的人，就是至死也不能完全放心。

雍正也是这样，他在生前就经常批评乾隆过于仁宽。乾隆继位之后，就着手改变父亲的治国方针，将刚猛调整为刚柔并济，这充分说明雍正的担心不是多余的。幸运的是，仁慈只是乾隆的表面，或者说其中一面，在乾隆骨子里深深藏着凶狠残忍的一面。

当乾隆的兽性被激发起来时，这条龙并不比雍正温柔，雍正真的没必要担心。

在没有法治的年代，拨乱反正几乎是那些蒙受不白之冤的人唯一的出路。

第一个吸引乾隆注意力的人是杨名时。杨名时在当时名气颇大，不仅官声清廉，而且是个理学内行。大家知道，乾隆很钦佩那些有学问品格又高的人，像杨名时这样在雍正朝蒙受不白之冤的人，他是不会错过的。

在乾隆召回杨名时之前，杨名时以戴罪之身在昆明待了七年，当乾隆发出一道上谕："杨名时为人诚朴，品行端方，皇父在京时原欲召令来京，未曾降旨。"对政治敏感的人立即意识到，政治的风向标正在发生变化，新的政治风气即将到来。

那么，杨名时究竟是怎么得罪了雍正呢？

要回答这个问题，必须提到雍正朝的名臣李卫。在大家印象中，李卫是个勇敢任事的好官，敢作敢当，不畏权贵。这些看法都对，但不是李卫的全部。李卫也是人，也有阴暗的一面。全祖望、卢文昭、彭绍升这些人说杨名时之所以倒霉就是因为李卫在背后说他坏话，在雍正朝的密折中确实可以发现李卫中伤杨名时的奏折。李卫用了诸如"徇私""欺罔"这些词语，并没有罗列杨名时不法的证据，这就给人党同伐异的感觉。

杨名时被整最主要的原因还是跟雍正唱对台戏。雍正打算一展身手，挽救数千年的吏治颓风，杨名时却不买账，经常批评时政。

雍正四年（1726年）七月，也就是李卫打小报告后的两个月，雍正降了一道谕旨，指责以杨名时为首的五位督抚虽然名声不错操守还行，但是做事八面玲珑，四处讨好，总想做“好好先生”。雍正号召这些人向勇于任事、雷厉风行的田文镜和李卫等人学习。杨名时如果能认识到“错误”，“虚心”向田文镜、李卫等人学习，可能后来就不会挨整，这事也就不了了之了。

但心气甚高的杨名时做不到，他公开对上谕进行反驳，还含沙射影地讽刺田文镜、李卫这些人。可想而知，雍正有多愤怒，他痛斥杨名时死不悔改还嘴硬。雍正从杨名时的反驳中感觉到他对自己的不满，从此以后对杨名时的印象跌到谷底。雍正五年（1727年），他对鄂尔泰说：“杨名时这个人太可恶了，朕五年来对他以诚相待，没想到他狼子野心还不改，丝毫没有一颗感恩的心。朕整治科甲积弊的时候，杨名时居然充当反对派领袖的角色，一字一言含讥带讽。”

雍正对杨名时恨得咬牙切齿之时，痛骂道：“杨名时这种人不过是假道学，实系真光棍（跟今天的意思不同，光棍意指无学问无品德），简直是个名教罪人，国家害虫。如果不灭了他嚣张气焰，科甲的积弊就没法改了。”

在这个关系前途性命的时刻，杨名时又犯了一个错误，他不小心把前任总督高其倬密折奏请的内容写进题本里。李卫也犯过这种错误，不过雍正认为他本性粗心。杨名时这么做，雍正认为他是故意的，不尊重自己，立即下旨说杨名时对密折制度不满，故意泄露密折内容，这样的人实在是怙恶不悛，罪该万死。

后来，雍正派人去云南调查杨名时，名为调查，实为罗织罪名。杨名时也识时务，干脆什么都认了，唯独不认“巧诈居心”，这是杨名时的基本信念，诚实是他作为一个理学家的信仰。由于杨名时对这条罪状不接受，刑部便奏请将杨名时“斩监候”，雍正当然不会蠢到把他斩首，只好退让，他不认就算了，反正其他罪名也很多。

由于杨名时实属正义凛然的官员，在正义面前，权力的黑手有时也不得不退让。但雍正绝对不甘心退得狼狈，最后演变成胶着状态，让杨名时一直以戴罪之身待在云南。

公道自在人心。杨名时的案子无疑是个冤案，许多人为他打抱不平。即使处于政治高压之下，人们不敢公开说出来，但大家心里自有一杆秤。乾隆在宫中念书时，曾经问恩师蔡世远，杨名时是个什么样的人。蔡世远直截了当地说：“这时代心里还存有尧舜君民之道的人，只有杨名时一个人而已。”

蔡世远是对乾隆影响非常大的一个老师。乾隆曾回顾对自己最有影响的三个老师，第一个是奠定自己基础知识的福隆翰老师，另一个是引导他领悟儒学真谛的朱轼老师，还有就是让他精通理学学以致用的蔡世远老师。

乾隆继位之后，立即为杨名时平反，随后，谢济世、李绂、蔡珽等人的冤案也纷纷得以昭雪。

谢济世是个御史，他获罪是因为参奏宠臣田文镜。御史的本职工作就是弹劾人，本来这事没什么大不了的，不幸的是，谢济世弹劾的内容跟李绂参奏的内容很相似，以至于雍正认为他们是有预谋有组织地攻击田文镜。那么，蔡珽又是怎么卷进来的呢？蔡珽是李绂的推荐人，雍正有理由怀疑蔡珽是谢济世和李绂的幕后主使。

雍正是一个非常自负的人，自负的人有一个很大的缺点：不相信自己是错的，认为自己的判断是正确的。雍正也不管事情真相如何，便开始着手整谢济世、李绂、蔡珽等人。刑部通常都不是按法律办事，主要是按皇帝的意志办事。跟往常一样，刑部拟定对这几人斩立决，然后雍正照例没有批准，以显示特别宽仁。

雍正甚至还解释了为什么不杀他们，他说这件事背后必定有大奸大恶之人在指使，这个人的目的就是逼自己杀了言官，然后落下千古骂名。雍正说："我不上当。"最后，雍正将谢济世充军。既然雍正说有大奸大恶之人，那为什么不追查这个人呢？雍正的理由是，追究起来估计会株连一大片，所以见好就收。这个谎言的技术水平太低了，所以官员姚三辰听到这个辩解时，露出不以为然的讥诮神色。不幸恰好被雍正看见，雍正一怒之下将他革职，并说姚三辰和查嗣庭、汪景祺是一丘之貉。雍正的意思是他们都是浙江人，都心怀鬼胎。

对李绂的处理则完全不同。雍正亲自在朝堂上审讯李绂，雍正喜欢吓唬人，声色俱厉地质问李绂，李绂却面不改色，相当淡定地说："臣罪当诛，希望皇上早点正法，以警戒那些不忠的臣子。"听审的大臣们吓得面如土色，李绂却镇定自若，没有半句乞求哀怜的话。危难之时，方显英雄本色。

刑部拟定了斩决，李绂在狱中却坦然如平常，在监狱里照旧每天读书，吃饱喝足，晚上睡觉也香甜。看守们看到这一幕，都说李绂是个"铁汉子"。最后，雍正实在没有办法，只好赦免他的死罪，为了表示惩罚，让他去修《八旗通志》，等于解除了他的权力。

刑部给蔡珽定了十八条罪，拟定为死刑，雍正改为监禁待决。这一监禁就监禁到乾隆年间，这样的日子是非常痛苦的。因为每年处决犯人的时候，都会把蔡珽也拉出去陪斩，蔡珽眼睁睁地看着犯人人头落地，不知何时会轮到自己。这种恐惧的目的就是从精神上折磨人。

乾隆上台后，杨名时、谢济世、李绂都得到提拔，只有蔡珽无罪释放，成为闲散游民，出来八年后，蔡珽郁闷而死。对蔡珽来说，出监狱不过是走进另一个更大的监狱而已。乾隆为何对蔡珽区别对待呢？蔡珽确实有贪污之实，这可能是乾隆没有起用他的真正原因。

新瓶旧酒

乾隆的“新政”让杨名时、谢济世和李绂等人深受鼓舞，谢济世接到进京的消息后，心情非常激动，泛起阵阵涟漪，这涟漪的名字叫“皇恩浩荡”。

谢济世激动之下，竟然起草了一份奏折，让乾隆取消密折制度。谢济世说现在天下大治，密折制度很容易制造阴郁的气氛，让小人谗害君子，被穿小鞋的人甚至都不知道是谁告自己，没法申辩，长此以往，很容易造成大臣们互相猜忌，君臣互不信任的悲剧。谢济世让乾隆效仿唐太宗，从谏如流。

用乾隆的偶像来打动乾隆，谢济世的建议应该说是很有杀伤力的。乾隆有没有接受呢？

刚继位的乾隆毕竟年轻，对谢济世大加夸奖，谢济世深受鼓舞，非常高兴。回京的路上，谢济世的心情非常舒畅。让谢济世更兴奋的是乾隆对雍正的三大模范督抚的评价。乾隆很快就对田文镜定论，说这个人苛刻搜刮、匿灾不报，让河南人民生活在水深火热之中。乾隆还说，雍正朝三大名臣中，田文镜不如李卫，李卫又不如鄂尔泰。

那些在雍正朝被打压的人，听到新皇帝如此表态，哪个不心存感激。乾隆是冒着被人指责不孝的罪名为他们翻案。

官场中也有一些眼光独到的人，河南总督王士俊就是这样的人。对乾隆新政，他一直保持冷眼旁观的姿态；蜷伏一段时间后，他就嗅出乾隆新政面临的困境。乾隆改革的幅度过大，造成了政治上的不稳定，乾隆为了维护政权的稳定和连续性，必须回归雍正的政策。

果然，在乾隆元年（1736 年）上半年，乾隆忽然抛出一句“矫枉不可过正”，乾隆还说治国要遵循中庸之道，宽严相济，两者不可偏废。

王士俊自以为嗅到了新的政治气息，自作聪明地给乾隆写了一个奏章，大意是：“雍正朝政策虽然过于严苛，但根本原因在于大臣们不奉公守法，错不在先帝。现在有一些新进之辈，动不动就指责先帝的政策，这些逢迎谄媚之辈甚至说‘只要将世宗时事情翻案，就是好的条陈’，这些人实在太可恶了……”

王士俊发这个奏章原本是为了政治投机，他自以为比别人提前嗅到了政治新动向，但他没想到这一节：就算你看到了潮流，也不该由你来引领这个潮流。

乾隆接到奏章后，非常愤怒，王士俊这是在否定自己的新政。还有多少个潜伏的王士俊呢？万一这些人集体发难，自己的政策就面临危险了。

乾隆将王士俊的奏章分发给大臣们看，让他们谈谈看法。但是，大臣们集体选择了沉默。为什么会这样？

大家都意识到这是一个重要的时刻，弄不好就会引火烧身，没人能准确地预知乾隆对此事的态度。乾隆看大臣们不发话，只好自己表态，痛斥王士俊，说此人居心叵测，借口直言，实则是想搞政治投机。

乾隆表态后，朝臣马上活跃了起来。第二天，御史舒赫德就参奏王士俊。巡抚傅德也参王士俊，说他丧心病狂。王士俊因此而被刑部关押，拟定斩立决，乾隆改为斩监候，第二年法外施恩，将王士俊削职为民。

这次风波虽然平定了，但乾隆的思想却陷入了激烈的斗争中，他不仅反思皇考的政策，也开始反思自己的新政。宽政有宽政的好处，也有弊端，严政有严政的好处，也有弊端。宽政的弊端在康熙朝就表现出来了，严政的弊端在雍正朝也很明显。想来想去，乾隆觉得只有宽严相济这一条路可以走。

乾隆元年（1736 年）初一，七十六岁的杨名时病逝，乾隆赞扬他“学问纯正，品行端方”，追加太子太傅头衔，谥号“文定”。

杨名时去世后，政治气氛已开始发生显著的变化。乾隆第一次让李绂尝到苦味是因为保举进士之事。李绂这个人特别爱才，推举人才这事让他很兴奋，结果李绂推荐了一大堆，还让同僚跟着自己一起保举。

不知为何，乾隆对此很不高兴，觉得李绂这个人爱慕虚名，指责了他几句。李绂随后回奏说：“老臣多言滋事，今天蒙圣上教诲，以后一定永远不再妄言。”乾隆回答说：“你这不是妄言，而是妄举。朕即位以来，从来没有因为哪个臣子‘妄言’而加以处分，你这么说是企图避重就轻，降二级以示警诫。”

乾隆八年（1743年），李绂请求告老还乡，乾隆问他：“你还有没有什么要上奏的？”李绂说：“慎终如始。”七年后，李绂在家乡临川逝世，乾隆对此非常冷淡，连个谥号都懒得给他。

接着来说说谢济世，他的命运也不比李绂好。有一段时间，谢济世负责重新编纂《大学注》《中庸疏》等书，删去了曾经被雍正指为“怨诽”的文字，并说自己是遵古本，不遵程朱。结果，乾隆大怒，让他掂量掂量自己，骂他跟程朱有云泥之别。

乾隆二年（1737年），谢济世上书建议乾隆“去邪勿疑”“出令勿贰”，乾隆听了，逆耳得很，指责他废话一大篇。谢济世没想到，自己曾经寄予厚望的明君变得越来越专断独裁，这对一个御史来说真是一场悲剧。

同年，眼见劝谏的人越来越少了，谢济世压抑得厉害，居然又斗胆劝谏，还说正因为半年以来没人进言，自己不能跟着别人一样沉默。不用说，谢济世又触了逆鳞，乾隆痛骂他上奏的言论怪诞支离，分明是想通过攻击君主博取名声，居心阴险简直是国家的害虫。

谢济世快崩溃了，在崩溃之前他做出了一个明智的抉择，请求乾隆允许自己回家照顾老母。乾隆心想，苍蝇走了也好，至少可以清净许多。乾隆让他担任湖南粮储道，换句话说，就近照顾老母，不断你的工作，继续拿薪水。

尽管远离了京城，谢济世还是没有远离麻烦。湖南巡抚蒋溥跟谢济世有私怨，向乾隆告发谢济世在湖南私自刊印自己注的《大学注》和《中庸疏》。乾隆以诋毁程朱的罪名，要对谢济世进行惩罚，不过好名的乾隆又说自己从来不以文字罪人，只要谢济世把书烧毁就行。

谢济世死于乾隆二十年（1755年），在死之前乾隆准备整他，幸好那时谢济世已经垂垂老矣，还没逮捕，就已经撒手人寰。

谢济世死后十三年，风波还没有消停，受齐周华"逆书案"的牵连，在谢济世的儿子谢梦熊家中抄出《梅庄杂著》。乾隆看过该书后说："如果谢济世还活着，朕一定将他明正典刑。"

这就是御史谢济世寄予厚望的明君乾隆。明君有时如同明星，只是一种光环，谢济世也许永远都不明白这个道理。

第三章　收拾父亲遗留下来的摊子

乾隆了解到张照是个制造麻烦的人，而不是解决麻烦的人，便将他调回京城，任命张广泗总理苗疆事务。

边疆难题

雍正猝然离世，虽然给乾隆留下了一个不错的局面，但也给他出了一道难题。对于一个年纪轻轻的新皇帝来说，战争绝对是一个重大的考验。

乾隆也意识到这点，他对大臣说："现在最紧要的事情莫过于对苗疆用兵。"

西南民族问题是历朝历代执政者都关心的问题。在元朝和明朝的时候，这些少数民族实行的是土司制度，土司制度是酋长制和中央集权的结合，有点民族自治的味道。土司相当于少数民族的首领，职位可以世袭，但必须听从中央政府的指挥，除了要缴纳规定的税收，还得听从号令，以便得到中央政府赐予的爵位和名号，有了这些，土司的统治才是合法的。

土司制度相对来说比较落后，对于这些地方的人民来说，他们不仅要承受中央政府的剥削，还得承受土司的剥削；一般来说，土司的盘剥比中央政府更厉害。由于土司是封闭地区的小霸王，只要他们不作乱，中央政府一般不管制他们。贵州地方上的土司，一年四小派，三年一大派，时人记载，苛捐杂税是汉人的十倍以上。

不同土司之间，往往为了争夺土地和人力大打出手，结果导致这一带动荡不安，天灾人祸频发。在明朝的时候，明太祖朱元璋为了缓和这些地方的矛盾，削弱土司权力，由中央派遣官员直接治理。

雍正上台之后，对西南少数民族也非常重视，曾派遣鄂尔泰、哈元生等将军前往西南，招抚与征剿并用。然后，雍正在这里实行了改土归流的政策。改土归流政策是什么？其实这是个简写的词语，全称是改土司制为流官制，这个政策的目的是消除土司的特权，从而将少数民族地区的人民从政治和经济的重压下解放出来。当然，雍正的这个做法还能起到瓦解地方势力的作用，消弭帝国内不安定的因素。

你要拿走土司的饭碗和权力，土司当然不会答应，虽然他们没有足够的力量和中央政权对抗，但是必要的挣扎还是会有的。雍正从不指望土司们会乖乖听话，所以他让鄂尔泰率领重兵，以武力推行这项政策。

武力终究还是管用的，任凭土司们再顽抗，终究抵挡不住鄂尔泰的大军，就这样鄂尔泰控制了这些区域的少数民族。雍正高兴，封鄂尔泰为云南、贵州、广西三省总督，拜保和殿大学士，担任军机大臣，兼任兵部尚书，外加一等伯。

但是，鄂尔泰在雍正九年（1731 年）返京之后，苗疆人又开始活跃了起来，叛乱的苗头时燃时灭。雍正十二年（1734 年），苗疆一带谣言四起，说是苗族会出现一个王，带领大家走向新世界。谣言出来后，就有闹事者，叛乱从古州开始，八妹、高表等苗疆人以官吏征粮不公为由，发动起义，叛乱之火迅速蔓延开来。

叛军迅速飙升到两万多人，攻打当地的驻军。刚开始的时候，清军对叛乱表现得非常迟钝，在兵力布置上也有很多失当的地方。贵州省有三万驻军，但是一些紧要州县却只有几十个官兵。在台拱，有一名参将，一千驻军，苗人起义后，将驻军团团围住，驻军竟毫无办法。最后，哈元生带领六路兵马，历经重重艰辛，才把叛乱给平息下去。

奇怪的是，在台拱附近的黄平县和清溪县，只有几十名驻军。这么点人，让他们作战完全不可能，就算是守城池，都显得寒碜。

苗变之后，雍正对各级官员的无能非常愤慨。雍正严厉斥责古州的文武官员镇压不力，听到叛乱，没有在第一时间予以扑灭，导致叛火越来越大。总兵韩勋带着三千人马在王岭击败苗人后，没有对逃众进行追捕，也受到了雍正的批评。清平县的县令邱仲坦，看苗民围攻邻县的时候，严令本县的人不得逃避，等到苗民攻打清平时，他顿时吓破了胆，自己率先逃跑……

总之，这些官员的表现让雍正很失望，加上他们互相扯皮，把责任全都推给别人，雍正很生气，决定重拳出击，快速平定苗疆之乱。

雍正命贵州提督哈元生为扬威将军、湖广提督董芳为副将军，随后，雍正又命刑部尚书张照为钦差大臣，副都御史德希寿协助张照前往苗疆。为了保证这场战斗在最短的时间里取得胜利，不久，雍正又任命果亲王允礼、皇四子弘历、皇五子弘昼、大学士鄂尔泰和张廷玉以及户部尚书魏廷珍和工部尚书徐本等人一同前往苗疆。高层阵容相当豪华，甚至给人杀鸡用牛刀的感觉。

兵力方面，除了贵州本省的官兵外，又从广东广西调兵八千，湖南湖北调兵五千，云南四川调兵一万七千，直隶调兵五千，合计有四五万的兵马；皇上亲自指挥，钦差坐镇苗疆，扬威将军率领六省大军会剿，论理是没有理由不速战速决的。

然而，结果却出人意料，如此气势磅礴的阵容，居然时时受困，处处不能奏效，官员之间仍旧继续扯皮。由于都是大人物，底气很足，互相不服，各自为政。看来，雍正这位管理高手对用兵终究有些外行，豪华阵容往往很难收到效果，打仗不是比品牌，看的是实效。譬如，雍正任命张照为钦差大臣，张照当然不是一个庸才，他是一个才华横溢的文人学士，琴棋书画样样精通，才名传遍天下，可惜在打仗这方面他完全是个外行！

在指挥权这方面，雍正也没有分清楚，这么多大佬聚在一起，意见相左，指挥起来难度非常大。最后，指挥无力，征讨无功，也不是什么难以理解的事情。

征剿不力，官兵们怕被皇帝处罚，开始杀良民邀功，由此战争陷入恶性循环。从一开始，清军作战就完全乱了套，后面更是如此，不分良民乱民，一概砍头。清军的暴行激起了苗民的激烈反抗，征讨战深陷泥淖。

一直到雍正去世，叛乱仍在继续，没有丝毫扑灭的征兆。苗兵接连攻下黄平、清平、余庆、清溪等县，兵锋所至，清军疲于奔命。贵州省内的汉人纷纷逃亡到邻近省份，全国震动。

乾隆点将

雍正并没有留给乾隆太多的难题，苗疆之乱算是一个。

古州叛乱发生后，鄂尔泰引咎辞职。张照来到贵州后，并没有把全部心思用在平乱上。由于鄂尔泰是他的政敌，他进一步攻击鄂尔泰，说改土归流并非善策。张照甚至怂恿哈元生攻击鄂尔泰，哈元生是鄂尔泰一手提拔起来的，拒绝了张照。

张照看无法拉拢哈元生，便支持董芳，从而导致前方将帅不和。董芳虽然是副将，但由于有张照的支持，可以调动的兵力反而比主帅哈元生多。

乾隆继位后，很多人都在说改土归流政策不好，有的甚至主张放弃苗疆事务。在这件事上，新皇帝表现出了自己的魄力，他力排众议，坚持用兵，肯定改土归流的政策。

由于乾隆曾亲自处理过苗疆事务，倒也没有显得束手无策，他采取了三个大动作。

一、撤换前方主帅。乾隆了解到张照是个制造麻烦的人，而不是解决麻烦的人，便将他调回京城，任命张广泗总理苗疆事务。张广泗隶属汉军镶黄旗，有丰富的作战经验，曾经跟随鄂尔泰处理过苗疆事务。雍正六年（1728 年），张广泗先后平息苗疆之乱，因战功擢升为巡抚。后来，张广泗又带兵讨伐准噶尔，因功擢升为湖广总督，此人是个实干派。

二、乾隆下令禁止前方战士滥杀无辜，要求将士们剿抚并重。对前方将士杀良冒功的行为，乾隆早已有所耳闻，他知道这么下去，只会让这场战争变得遥遥无期。只有一手拿兵器，一手拿橄榄枝，才能在最短的时间内结束战争。

三、乾隆批驳放弃苗疆事务的言论，坚持改土归流政策。当然，在当时的环境下，提出放弃苗疆事务的人也不是说任由苗疆从祖国分裂出去，只是说不管那里的事，他们自己想怎样就怎样。这是一种很不负责任的态度，如果中央政府对地方混乱抱着这种态度，威信何在？乾隆深谙此道，所以坚决反对。

虽然雍正因为苗疆之乱，生前曾后悔实施了改土归流政策，但乾隆却坚持这个政策是对的，确实有自己的思想和胆识。

张广泗来到前线后，细致入微地了解基层情况，总结出清军的利弊得失，找出劳而无功的根本原因。张广泗给乾隆上了一道奏折，详细分析了清军的失误，这些失误除了众所周知的将帅不和、指挥失当，还有两个重要的原因。一是轻敌。叛乱发生后，地方官对事情的严重性估计不足，大家都以为苗人叛乱不过是一阵风，很容易扑灭。二是战略失误。清军虽然有几万官兵，但兵力绝大多数用于沿途布防，这样无疑是分散自己的势力，真正用于打仗的兵反而很少了。所以，张广泗强烈建议，集中优势兵力，直捣对方老巢，击溃对方主力。

乾隆看完奏折，深为信服，立即赋予张广泗军政大权，让他放手征剿。

张广泗在镇远纠集大军，亲自选拔精兵良将，对他们面授作战机要。一切布置好之后，兵分三路，一路进攻上九股，一路进攻下九股，张广泗则亲自率兵进攻清江。

乾隆元年（1736 年）春，张广泗又增进八路人马，陆续攻破许多苗寨，苗人不敌，纷纷躲进牛皮大箐。牛皮大箐并不是什么牛皮帐篷，而是指苗岭的雷公山，海拔两千多米，苗人认为雷公就住在这上面，在雷公山上面用牛皮搭建的住处就叫牛皮大箐。据说上面危岩刺云，雾雨冥冥，极为险峻，上面的苗寨绵延几百里。

苗人躲在这里，以为官兵不可能爬到这上面来，盘算着等官兵走后，再下山活动。可惜，他们小看了张广泗，张广泗是个不达目的不罢休的人，他率军团团围住各个出口，一步步进逼苗寨。

张广泗不避险阻，誓要平息苗人作乱，到处搜捕和追剿，苗人苦不堪言。更让苗人崩溃的是，张广泗居然发出一道命令：苗人如果捕杀一个苗人，就可以免罪。这样一来，许多苗人自相残杀，还没交战就已经发生内乱。苗人被捕杀被饿死的不计其数。到了秋天，清军攻破一千两百多个寨子，赦免了三百八十八个表现良好的寨子，斩首一万七千人，俘虏两万五千人，缴获武器数不胜数。

闹腾了一年多的苗疆之乱终于平息了。

乾隆点将表现出了一个君王慧眼识人的一面。

边疆要安抚

二十五岁的乾隆在短短的时间里，就力排众议，钦点张广泗平息苗疆之乱，可以说为自己的统治建立了威信。

乾隆提拔张广泗为贵州总督兼贵州巡抚，授予他三等阿达哈哈番（轻车都尉）世职，每年赏赐养廉银一万五千两。

此时的乾隆称得上是一个英明的皇帝，他并没有满足于已取得的成就，而是积极将精力投入到战后的重建工作中，这项任务的艰巨程度堪比平乱。

乾隆总结了这次苗变的原因，对张广泗说："古州之变，主要是因为苗民本属化外之民，受到我大清礼法限制，需要交纳一定的赋税，虽然我们对他们征收的赋税很少，不过是表示隶属大清而已，但苗民不懂礼教，引起了他们的反感。从今以后，免除他们的赋税。"

乾隆元年（1736年）七月初九，颁布圣旨，宣布永远免除苗民税赋，并且向苗民解释为什么要对他们用兵以及为什么要实行改土归流的政策。乾隆说，我们这样做是为了让苗民能够沐浴皇恩，接受教化和文明的熏陶，共享太平盛世之福。本来我们对你们征的税就是全国最少的，不过是象征性地表示你们是我大清国的子民而已，没想到你们还要作乱，危害了无辜的百姓，我们不得已才发兵征剿的。

乾隆也解释了为何要免除苗民税赋。他首先肯定苗民也是自己的赤子，很多造反的苗民骨肉相离，也挺可怜的，而且大多数参与叛乱的人不过是胁从，还有不少与叛乱绝缘，所以应该加以抚恤。乾隆对大臣们说，苗民之前的税赋虽少，但不排除地方官征收苛捐杂税，只有完全免去正税，才能避免他们与地方官发生矛盾，从此各安本分，即使要闹事，也找不到理由。

乾隆颁布的另一项政策是尊重苗俗，他认为苗民的风俗和内地百姓完全不同，因此允许他们以自己的方式解决问题。比如，诉讼之事，可以按照当地的风俗来解决，不必让官员来审理。

乾隆颁布的第三项政策是屯田，这项政策乾隆是经过反复考量才决定的。张广泗曾经提议将获罪苗民的田产交给汉民来耕种，乾隆反复思考后认为不妥，他说苗民现在虽然被制服了，难保以后不出乱子，如果将叛逆苗民的田地分给汉民，恐怕有朝一日苗民会再作乱，到时候，耕种的汉民反而受害。最后，乾隆决定将这些田产用于军垦，一方面让军队能够解决粮食问题；另一方面，如果有变，也可以就近防御。

吏部尚书顾琮不同意乾隆这个决定，他认为这么做是掠夺苗民的田地，让他们无以为生。对于乾纲独断的乾隆来说，反对意见当然是无效的，张广泗很好地执行了乾隆的政策，乾隆非常满意。

后来，云南总督尹继善来京，说到军垦之事，尹继善也表示反对，他的看法跟顾琮是一样的，认为这么做只会招致苗人的怨恨，有害无益。尹继善是个封疆大吏，有丰富的处理边地事务的经验。他这么说，乾隆就不得不再次权衡。最终，他决定听从劝告，取消屯兵计划。听到这个消息，张广泗急了，他上奏强烈要求屯兵，据理力争，甚至用身家性命担保。

看张广泗态度这么坚决，乾隆又动摇了，决定允许张广泗屯兵。

到了乾隆三年（1738年）时，两广总督鄂弥达上了一篇很长的奏疏，大谈苗疆屯兵的害处。一、苗人过着刀耕火种的生活，没有其他的方式可以谋生，过去田地有余，能够养家糊口，如果收了他们的田地，将来人多地少，势必连生活都成问题；二、屯兵不会自己耕种，将来肯定会雇佣苗人来耕种，久而久之，苗人的地位就会等同于奴隶，这里本来是苗人的田产，现在世世代代反而被外人奴役，不出十五年，恐怕会再次出现叛乱。

乾隆看了后，思想再次动摇，他甚至说这道奏疏的意思跟自己的想法一致。但张广泗是封疆大吏，这件事从头到尾都是他办的，他请示要屯兵，我也不好驳他面子，不过我始终认为这不是长久之计。

乾隆再次把自己和大臣们的意见谕示张广泗，希望他做出回应。

张广泗不愧是一个强硬派，仍然坚持要屯兵，大谈这么做的好处。根据张广泗的说法，屯兵是必须的，不是可有可无的事情，必须得这样，才能保证苗疆的稳定。针对反对派意见，张广泗一一反驳，他说屯兵的田是那些已经绝了户的苗人田地，至于没有绝户的田地仍然归苗人自己保留。张广泗还保证说，一定让军人自己耕种，绝不让他们奴役苗人，而且张广泗还说苗人的荒地非常多，绝不会出现人多地少的局面。张广泗最后表示，自己一定严格军纪，不让士兵侵犯苗人田地。

乾隆帝终于被张广泗说服了，最后拍板同意张广泗的意见，但他要求张广泗一定要抚恤苗民，千万不能让他们再生出事端。

事实证明，张广泗的意见是正确的，他不仅维护了苗疆的稳定，还促进了苗疆的经济繁荣。以前，苗疆没有的小麦、高粱、小米、黄豆、芝麻、麦子等农作物，全都移植过来了。军垦之后，收成也非常好，军队的吃饭问题解决了，不用再像以前一样从其他省份运送军粮到贵州。

苗疆以前没有市场，现在有市场有商贩，种植物也不再局限于农作物，也有一些经济作物，譬如茶叶、桐树等。

第四章　帝王心术

权势使人昏聩，张廷玉和讷亲都不懂得收敛。最后，两人的下场都非常惨。讷亲在攻打金川的时候忽然收到乾隆寄来的一把刀，这把刀是讷亲的祖父遏必隆用过的，乾隆让他用这把刀自裁。

流产的叛乱

这事还得从庄亲王允禄说起。允禄是雍正的十六弟，在雍正的兄弟中，他的地位仅次于允祥。可以说，允禄是雍正朝的既得利益者。

乾隆上台之后，为了缓和宗室关系，善待在雍正朝受到迫害的王公。这事乾隆办得不错，但是以允禄为首的既得利益群体不高兴了，这也可以理解，因为他们在新朝不如旧朝受宠，反而不断地失势。客观来说，乾隆对允禄还是不错的，命他总理事务，领取双倍俸禄。

可惜，失势就是失势，对于一个贪恋权力和既得利益的人来说，小恩小惠是不管用的。

允禄既然对新朝不满，想结党保住自己的利益，那么他就必须结交一个人，这个人就是康熙的嫡长孙、胤礽的嫡长子弘晳。如果按照嫡长子继承制，大清江山就应该交给弘晳。康熙最开始也确实是打算遵循嫡长子继承制的，只可惜后来与太子胤礽的矛盾激化，致使皇位旁落到雍正这一支。在雍正当皇帝时，弘晳不敢有怨言，这个人毕竟是自己的叔叔，而且心狠手辣。到了乾隆当皇帝时，弘晳开始有想法了。我们知道，宋太祖死后兄终弟及，赵光义即位后曾表示将来把皇位还给赵匡胤的儿子，虽然他后来没还。弘晳当时也想到了那段历史，他觉得清朝的皇位原本属于我家，我爸没当上皇帝是因为跟爷爷关系不好，你雍正当完了皇帝，也该把皇位还过来了。

弘晳和允禄是这个集团的灵魂，除此之外还有允禄的儿子弘普和宁和，允祥的儿子弘昌和弘晈也参与其中。说实话，乾隆对这些人都有恩，弘普在乾隆元年受封为贝子，宁和得了个"额外世袭公爵"。为何叫额外世袭公爵呢？本来允禄一家只有一个人能世袭爵位，现在乾隆给了宁和一个机会，允许他的后代世袭，等于是给了允禄一家两个世袭爵位。

雍正跟允祥的关系非常好，允祥死后配享太庙，雍正还打破祖制，命允祥怡亲王的王爵世袭罔替，这是极大的恩宠，俗称铁帽子王。在整个清朝历史中，只有十二位铁帽子王，其中有八位是开国功臣。我们先来了解一下何谓“世袭罔替”吧！

在了解这个制度之前，我们先粗略地了解一下清朝的封爵制度。皇族爵位是封爵制度的一个重要部分，皇族爵位共有十二等，依次为：和硕亲王、多罗郡王、多罗贝勒、固山贝子、奉恩镇国公、奉恩辅国公、不入八分镇国公、不入八分辅国公、镇国将军、辅国将军、奉国将军和奉恩将军。

清朝封爵有两种形式，一种是功封，一种是恩封。功封是臣民在战争和治国中立有大功受封，恩封是皇帝加恩所封。承袭爵位的方式也有两种，一般情况下是降等承袭，也就是说子孙承袭爵位每一代就要下降一个等级，降到辅国将军就不再降了。第二种承袭方式就是我们说的世袭罔替，就是说爵位传承之时等级不变，子孙后代永远可以保持这个爵位。这样的人又称为铁帽子王，整个清朝只有十二个铁帽子王，我们来看看这十二个铁帽子王。

第一个是和硕礼亲王代善，第二个是和硕郑亲王济尔哈朗，第三个是和硕睿亲王多尔衮，第四个是和硕豫亲王多铎，第五个是和硕肃亲王豪格，第六个是和硕庄亲王硕塞（皇太极第五子），第七个是多罗克勤郡王岳托（代善长子），第八个是多罗顺承郡王勒克德浑（代善的孙子）。前面这八个既是皇亲贵胄，又是开国功臣，都是清初很有分量的人物。后面四个铁帽子王，第一个就是允祥，第二个是和硕恭亲王奕䜣（道光第六子），第三个是和硕醇亲王奕譞（道光第七子），第四个是和硕庆亲王奕劻（乾隆帝十七子永璘六子绵性长子）。

允祥的两个儿子参与弘皙、允禄集团确实让人感到意外，此外参与谋反集团的还有恒亲王允祺的长子弘昇。弘昇在康熙末年被封为世子，后来被雍正削去爵位，乾隆即位以后封他为郡王，掌管火器营事务，应该说对他也是有恩的。然而，这些人却不约而同地加入了反对派，无疑让乾隆对“仁政”二字感到困惑。

乾隆执政三年后就察觉到了这个“地下党”，不过当时证据不足，所以没有采取行动。乾隆四年（1739 年）冬，终于有人告发弘皙和庄亲王允禄“结党营私，往来诡秘”，乾隆立刻让宗人府审理此案。

宗人府审理之后，奏请将这些人革去王爵，永远圈禁；特别强调弘皙不知畏惧，抗拒认罪。乾隆有自己的看法，他认为允禄不过是庸碌之辈，言下之意是他干不了大事，有贼胆无贼力，所以从宽处置，免去他的双俸和职位，保留王爵。而弘昇不过是吃饱了没事要生事的家伙，永远监禁，保留爵位；弘昌是秉性愚蠢，弘普是行为不检，弘晈是没有识见，停止给这些人发薪水。

在这些人中，对弘皙的处罚最为严厉，革去了他的亲王爵位，但没有囚禁他，允许他仍然住在王府里。

乾隆对这个案子的处理是非常低调温和的，没有像他父亲那样大开杀戒。但是到了十二月，案情突然变得严重，弘皙的亲信富宁突然跑到王府告发弘皙犯有弥天大罪。乾隆大惊，让平郡王福彭审理此案。福彭背景很厚，是岳托的五世孙，也是乾隆的同窗好友，由此可见乾隆对此案的重视。福彭还有一个身份——曹雪芹的表兄弟，是以很多人推测《红楼梦》影射的是宫廷斗争。

福彭很快就查出弘皙的巫师安泰，安泰的口供让福彭震惊。根据安泰的供词，他曾在弘皙的府中作法，在作法过程中安泰浑身抖颤，自称是祖师降灵到自己身体上，随后弘皙问了他几个问题，这些问题每一个都可以构成大逆不道的罪名。弘皙问他："天下会太平多长时间？准噶尔什么时候到京城来？皇上寿考如何？我将来还有'升迁'的机会吗？"

这些问题暴露了弘皙的野心，最让人费解的是他为何问准噶尔何时到京。我们知道，准噶尔是清廷的死对头，弘皙问准噶尔何时入京，难免让人怀疑他和准噶尔勾结，企图改天换日。弘皙不仅觊觎神器，而且付诸实践，福彭查出，弘皙仿照宫廷内务府体制，设立了掌仪司、会计司，私下里意淫当皇帝的感觉。

乾隆指责弘皙昏暴鄙陋居心大逆，让福彭和九卿议罪，最后大家一致奏请革去弘皙宗室，立即正法。乾隆免他死罪，囚禁在景山东果园。在处理谋逆案时，乾隆拿捏得很有分寸，充分显示了一个成熟帝王的高明心术。乾隆时代跟雍正时代最大的不同是政治斗争没有那么激烈，没有那么势如水火，如果再像雍正那么做，就不是强人，而是蠢人了。

盘根错节的朋党

自古以来，皇帝最厌恶的一件事就是臣下结党，结党不仅是营私，还威胁到皇权。在打击朋党方面，朱元璋和雍正都是专家，说是专家，其实也没什么特别的招数，无非是将人从肉体上消灭，从精神上折磨。

朋党问题同样纠缠着乾隆，这个朋党问题还是雍正留下来的。我们知道，雍正有一对左膀右臂，分别是鄂尔泰和张廷玉。在鄂尔泰进入内阁之前，张廷玉已经相当于内阁首辅了，不料鄂尔泰后来居上，张廷玉心里的不痛快可想而知。

雍正死前留下遗诏，允许鄂尔泰和张廷玉百年后配享太庙，这个荣誉非常高，自大清开国到雍正去世只有十二个臣子享受到这个待遇，其中没有一个汉人。张廷玉可算是第一个汉人了。奇怪的是，无论是鄂尔泰还是张廷玉似乎都不重视这个恩典，也许这两人思想比较超前，配享太庙什么的都太空，人死后什么都没有，还是把握住生前可见的好处比较实在。

鄂尔泰和张廷玉两人的关系很不好，两人都是军机大臣，都在军机处上班，但往往一整天不说一句话。不仅如此，两人还互相挖苦，互相讥讽。譬如，有一个夏天，鄂尔泰进来后摘下帽子，为了缓和气氛，问大家："这个帽子放什么地方呢？"张廷玉冷笑道："这顶帽子还是放在自个儿头上为妙。"鄂尔泰听了，脸色阴沉，一句话也没说，好几天鄂尔泰心情都糟糕至极。

对于鄂尔泰和张廷玉的矛盾，大家都心知肚明，于是不同的人就依据自己的好恶和师承分投到两人门下。时间长了，就形成了派别。在雍正时期，鄂尔泰和张廷玉不敢结党。乾隆时期就不一样了，首先乾隆是晚辈，他们都当过乾隆的老师，论年纪也可以做乾隆的父辈，加上两人位高权重，自然充当了党魁的角色。

乾隆很生气，忍了他们很久，直到乾隆五年（1740 年）才发难。乾隆发难也是可以理解的，毕竟是皇帝，大臣仗着资历老不把自己放在眼里，这让他的自尊心往哪儿搁啊？

乾隆五年（1740 年）四月，乾隆召集文武百官开会，措辞严厉地警告大臣："为人臣者有臣德，不要成天想着巴结权贵，枉自揣摩。"乾隆甚至点了鄂尔泰和张廷玉的名，当然也给他们留了面子，乾隆说鄂尔泰和张廷玉不会有党派之心，只是下面的人喜欢胡作非为，满洲的人想依附鄂尔泰，汉人想依附张廷玉。最后，乾隆愤怒地质问群臣："你们这么瞎搞，把鄂尔泰和张廷玉当成手握大权的人，那么朕在你们眼里又算什么呢？"

群臣立刻感觉到了情况的严重性，意识到党派跟皇权的矛盾。只不过，乾隆认为满人依附鄂尔泰、汉人依附张廷玉，这个看法有些片面。固然有相当多的满人依附鄂尔泰，但是依附他的汉人更多，譬如封疆大吏张广泗、张允随就是鄂尔泰的门徒，回族人哈元生也是鄂尔泰一手提拔起来的，像杨名时、方苞、胡中藻等人跟鄂尔泰的关系也相当好。连文坛怪杰郑板桥都对鄂尔泰心悦诚服。

郑板桥也算是鄂尔泰的门生，郑板桥中进士的那年，鄂尔泰正是主考官。鄂尔泰有意把自己打造成清廉正派的儒学名臣，加上他非常爱才，所以聚集在他门下的人才特别多，其中以汉人居多。郑板桥是个愤世嫉俗的人，连乾隆都敢批评，后来还傲然辞官，这样一个人却对鄂尔泰尊敬有加，说明鄂尔泰确实有过人之处。

张廷玉与鄂尔泰形成了鲜明的对比。如果说鄂尔泰思想开明，张廷玉则显得相对保守；如果说鄂尔泰汉化非常严重，张廷玉则满化得非常厉害，张廷玉满文非常好，能够用满文写文章，在今天肯定是个国宝级的学者；如果说鄂尔泰有尊重人的前沿意识，张廷玉身上则表现出奴才气，张廷玉为官相当谨慎圆滑，聚拢在他周围的大体是一些圆滑之人，除了蒋廷锡比较正直外，很难再找出一些正派的官员。

当然，在张廷玉的门下也不乏大量才智之士，汪由敦就是其中的优秀人物。汪由敦和清代历史学家赵翼是知交，赵翼对他评价很高，说他学问冠盖当时，胸襟广阔，从不嫉妒别人的长处。

逐个击破朋党

乾隆上次训话之后，结党现象并没有改观。为此，乾隆伤透了脑筋，他决心打破僵局，重新整肃朝纲。

突破口终于找到了。

乾隆六年（1741年）四月，御史仲永檀奏参步军统领鄂善，奏参的内容是鄂善收取贿赂一万两白银。本来，这个案子跟朋党没有关系，但随着案情的深入，逐渐牵连出了朋党案。

案情是这样的：俞君弼是一个富商，为工部承揽了一个建筑工程。俞君弼没有儿子，中途病故后，女婿许秉义出头主持丧事，邀请同宗、内阁学士许王猷前来吊唁，以便增加自己夺取遗产的筹码。只因俞君弼有一个嗣孙俞长庚，所谓嗣孙并不是指亲生的孙子，而是同宗里过继过来的孙子。俞长庚为了不落下风，找到鄂善这个后台，给他送了一万两银子。鄂善果然给力，作出了有利于俞长庚的判决，还将许秉义治罪，并革了许王猷的职。

许秉义和许王猷不服，于是托人找到仲永檀，仲永檀也非常给力，立即给乾隆上了一道奏章，弹劾鄂善。最绝的是，仲永檀在奏章中居然意味深长地将张廷玉也卷了进来，说这个张廷玉亲自差人送帖到俞家吊丧，张氏门人徐本、赵国麟还亲自去跪奠……寥寥数笔，就把案子往最危险的方向推动，由此可见，御史的笔比刀还厉害。

然而，仲永檀太低估乾隆了，乾隆绝不是一个昏庸的主子。他第一反应是仲永檀是鄂尔泰的门生，仲永檀考进士那年主考官就是鄂尔泰，乾隆意识到此案可能跟派系斗争有关系。为了显示对此案的重视，乾隆召集怡亲王、和亲王、鄂尔泰、张廷玉、徐本等人公审。

在审理的过程中，乾隆甚至亲自询问鄂善，希望他主动坦白。看到乾隆和颜悦色的样子，鄂善以为皇上很仁慈，心想皇帝应该不会重罚自己，竟承认自己收了一千两银子（鄂善以为将收取的银子降为十分之一罪名就轻很多）。事后，鄂善想，受贿超过八十两就是死刑了，第二天又推翻原供。没想到鄂善聪明一世糊涂一时，推翻原供等于欺君，比贪污的罪名更大。

乾隆盛怒之下，将鄂善的案子交给刑部处理，刑部很快就查出鄂善受贿之实。刑部建议将鄂善处以绞刑，乾隆垂泪让鄂善在家自尽。鄂善身兼兵部尚书和护军统领之职，是乾隆朝第一个被处死的一品大员。

乾隆原本不打算对张廷玉朋党一事深究。但赵国麟却不肯罢休，赵国麟是个道学家，把名誉看得比什么都重要，听说仲永檀奏告自己到俞家跪奠，这是用传闻诬蔑自己的清白。为了表达不满，赵国麟提出辞职。乾隆知道赵国麟这是在发泄对自己偏袒仲永檀的不满，此时仲永檀已经升到左副都御吏。乾隆最不喜别人要挟自己，将赵国麟连降两级。赵国麟依旧不依不饶，乾隆很不耐烦，干脆把他革职，但也不准他回家，以闲散身份待在京城。

仲永檀表面上看是升官，其实末日正悄悄向他走近。

在末日来临之前还有一段小插曲，这段插曲将仲永檀的死期推后了一年多。

谱写这段插曲的是一个叫刘统勋的人。刘统勋，山东诸城人，雍正二年（1724 年）进士，曾当过乾隆的老师。乾隆即位后，出任内阁学士二品大员。乾隆六年（1741 年），刘统勋当上左都御史。鄂善案子爆发后，刘统勋认为是时候向鄂尔泰和张廷玉这两个党魁出手了。

在第一份奏折中，刘统勋直指张廷玉结党营私，说桐城（张廷玉是桐城人）张姚两姓占据当地缙绅的一半还不止，张家在朝廷当大官的有十九人之多，姚氏和张氏世代联姻，当官的也有十个人。刘统勋说张家的门第太显赫了，张廷玉与父亲张英先后担任宰辅，至于翰林就更多了，满门皆翰林，翰林院可以直接开到张廷玉家中。刘统勋并没有从其他角度攻击张廷玉，仅仅是指责张廷玉任人唯亲，搞家族企业，说明刘统勋深谙盛极而衰的道理。他攻击张廷玉，没有分毫涉及张廷玉和鄂尔泰之间的恩怨，这无疑给乾隆一个感觉，刘统勋完全是为皇家考虑，对派系斗争并不感兴趣。

在第二份奏折中，刘统勋说讷亲（额亦都曾孙）职位太高、权力太大，身兼领侍卫内大臣、镶黄旗满洲都统、吏部尚书协办户部事务、军机大臣、议政大臣等职，导致他位高权重，颇有些刚愎自用。刘统勋建议削减讷亲的职务，并让乾隆晓谕他盈亏之道，让他谦虚低调一点。

收到这两份奏折，乾隆非常欣喜，这对困于皇权受抑的乾隆来说犹如及时雨。乾隆立即将这两封奏折交给大臣学习，最后乾隆告诫张廷玉和讷亲，让他们收敛，不要辜负自己的期望。

可惜，权势使人昏聩，张廷玉和讷亲都不懂得收敛。最后，两人的下场都非常惨。讷亲在攻打金川的时候忽然收到乾隆寄过来的一把刀，这把刀是讷亲的祖父遏必隆用过的，乾隆让他用这把刀自裁。

之后，张廷玉行迹有所收敛，但仍然以太平宰相自居，乾隆终于忍不住对他动手了。张廷玉虽然没有被杀，但是受尽乾隆的挫辱，最后黯然回乡，乾隆甚至削去他伯爵的称号，还剥夺他配享太庙的权利。

不久，就轮到鄂尔泰遭殃了。自从升任左副都御史后，鄂尔泰的得力干将仲永檀开始得意忘形。乾隆七年（1742 年）十二月，轮到仲永檀倒霉了。事情是这样的，仲永檀在参奏乐部大臣张照时，私下里找鄂尔泰的儿子鄂容安商议，这事不知怎么就传到乾隆耳朵里。乾隆龙颜大怒，将仲永檀和鄂容安一起革职，交与刑部议罪。

鄂容安是鄂尔泰的长子，雍正十一年（1733 年）中进士，当时还不过二十岁，年纪轻轻，前途无量。中了进士后，鄂容安就跟着父亲进入了军机处，是军机处最年轻的军机大臣。

本来鄂容安前途无量，乾隆也相当重视这个比自己小三岁的未来栋梁。仲永檀和鄂容安密商奏折的事发生后，乾隆对鄂容安非常失望。此案经过刑部审讯，仲永檀和鄂容安都对事实供认不讳，刑部最后拟定，以泄露机密罪定刑。没想到一向宽容的乾隆却认为拟罪过轻，他说仲鄂二人在密奏之前就商议，奏完之后又召回，明显属于结党营私，打击与自己关系不好的人。乾隆让刑部、都察院和大理寺一同出击，重新再审。

大家很快就揣摩出圣意，知道乾隆是想揪出幕后指使者，这个幕后人物不用想都知道是鄂尔泰。三个部门很快就查出鄂尔泰是这事件的主谋，最后刑部建议对仲永檀和鄂容安进行刑讯逼供，还将鄂尔泰革职查办。乾隆忽然一反常态说："不必了，仲鄂两人罪行昭彰，不必再审。至于鄂尔泰，不用革他的职。"

看来，乾隆没有搞垮鄂尔泰的意思，只是想狠狠地给他脸色看。在结案时，乾隆斥责道："仲永檀这个人恶迹昭著，鄂尔泰却经常在朕面前说他品行端正，显然是包庇党羽，鄂尔泰显然对儿子鄂容安也失于教导。这件事朕不忍深究，一旦深究，恐怕鄂尔泰也承担不起，到时国家就少了一个能办事的大臣。朕希望鄂尔泰能反思，朕以前能用你，今天能宽恕你，难道将来就不能惩治你吗？请好自为之，悔过自新，继续为国家效力。"

还没判刑，仲永檀就瘐毙狱中，有人怀疑他是被张照谋杀的，但没有证据。至于鄂容安，刑部判他充军戍边，乾隆法外开恩，让他继续在上书房行走。

到这里，可以说乾隆成功地化解了朋党之争的毒害，从此以后，大权尽揽于乾隆一人之手。事后，乾隆向大臣解释说，是鄂尔泰和张廷玉逼着自己选择严苛的，决不会因此而改变宽仁的政策。

此后，乾隆的帝王心术日臻成熟，大有超过乃父之势。

第五章 弹压“暴民”不手软

乾隆一向以爱民自居，但他爱的民是顺民，无条件地顺。百姓应该明白了，乾隆的爱民不是真爱，把爱改成统治二字更恰当。

米价上涨引发的心灵创伤

乾隆经常以爱民皇帝自居，但他常常挂在嘴边的词语是“乾纲独断”，似乎乾纲独断和爱民没有冲突。皇帝说乾纲独断在我们看来是天经地义的，但其实在明朝之前，皇帝说这样的话，大家会觉得非常奇怪，而且肯定是不喜欢的。

在中国的汉唐盛世里，乾纲独断并不是一个褒义词，在那时人们的心中，这往往是“暴君”会说的话。譬如，唐太宗就说过这样的话：“天下如此之大，百姓如此之多，国家事务千头万绪，如何正确处理、正确判断，需要宰相筹划，百官一起商量，然后才能执行。国家大事，岂可天子一人决断！”

唐太宗说的是实话，天子就算是政治天才、管理高手，也不可能是个全才，对什么事情都能做出正确的判断，所以需要和大家商量。但这样势必“分权”，所以朱元璋统一天下后，废除丞相，将国家大权握于一人之手。从此以后，乾纲独断成为一种潮流，历经雍正的改革，到乾隆时代，专制制度走向巅峰。

在乾纲独断的社会里，没有人能限制皇帝的权力，这自然可以提高皇帝政策的执行效率，但也让臣下和百姓失去了权利和自由。统治者想怎样就怎样，百姓根本没有还手之力，时间一长，国家走向腐败，就是以暴易暴的循环了。

乾隆十三年（1748 年）四月，江苏发生饥荒导致苏州米价高抬，许多老百姓买不起粮食，生存受到威胁。

事情起因是这样的：当年江苏多地阴雨绵绵，下了几个月，导致很多地方积水，影响了粮食的收成。后来四五月份，苏州、松江、常州、太仓、徐州、通州等地居然下起了冰雹，这在南方可是百年难得一见的事情。这冰雹还持续了很多天，进一步减少了粮食的收成。这样一来，米价疯涨，人心惶惶。百姓急切地希望政府能干预米价，让大家都能买得起粮食。

官府对此反应非常冷淡，这是他们的一种习惯，几千年来都是这样。有一个叫顾尧年的人对官府的行政不作为非常愤慨，他写下了“无钱买米穷民难过”八个大字贴在自己的身上，然后跑到巡抚衙门大声哭诉，要求官府救济百姓，平抑米价。他这一哭引来了许多饥民，大家跟着他一起哭。巡抚衙门前顿时人山人海，哭声一片。

巡抚的名字叫安宁，从名字似乎可以看出这人是维稳派。安宁认为自己是达官贵人，出面跟乱民交涉是降低身份，便将这事交给知县郑时庆处理。对于这种事情，官府的处理方式很简单，不用动脑筋就知道把带头的抓起来。逮捕顾尧年之后，动乱并没有平息，饥民们纷纷冲进县衙，让县令释放顾尧年等人。郑时庆可不买账，激起了众人的愤怒，场面开始失控，乱民们开始打砸县衙，郑时庆吓得赶紧找了个地方躲起来。

就在事态不可控之时，署理苏州知府姜顺蛟赶了过来。姜顺蛟还算是一个冷静沉着的人，他让大家先安静下来，自己去请示巡抚，一定会给大家一个说法。愤怒的百姓跟着姜顺蛟来到巡抚衙门，由于人太多了，场面再度失控，人群将巡抚衙门的栏杆挤倒，在外面大喊大叫，喊声震天。巡抚安宁认为老百姓已经谋反，派兵进行弹压，捉拿了三十九个带头的人。

在这乱哄哄的节骨眼上，顾尧年的朋友陆高、吴宝等人趁机冲进县衙救出了顾尧年。可惜没过几天，他们又被官府抓获。

安宁将这事上奏乾隆，大肆渲染暴民如何可恶。收到奏报之后，乾隆一度很激动，准备在苏州驻防八旗官兵，后来想想，还是算了，不宜将事情闹大。所以，乾隆让巡抚安宁好好教训闹事的元凶，给苏州百姓一个警示。如何警示呢？乾隆说，把他们当众杖毙，自可以杀一儆百。

顾尧年等人被抓住后，百姓并没有忘记他们的领头人，大家想起了两江总督尹继善，在苏州百姓心中，他是一个好官。大家指望尹继善能够救出顾尧年等人，所以纷纷转发匿名传单，其中有这样一句话："吉甫如来天有眼，禄山不去地无皮。"收到这样的传单后，安宁气得吹胡子瞪眼，他知道后面一句骂的就是自己，因为唐朝安史之乱的安禄山跟自己一样姓安，但吉甫是谁安宁就搞不懂了。他把这个上奏给乾隆，乾隆一肚子墨水，一看就知道吉甫是两江总督尹继善。周宣王时戎狄逼近镐京，尹吉甫带兵勤王，打败了敌人，维护了周朝的安定，受到了百姓的一致称颂。尹继善和尹吉甫同有一个尹字，加上尹继善担任两江总督期间官声不错，乾隆判断这个人一定是尹继善。

要不要派尹继善去处理暴乱事件，乾隆着实伤透了脑筋，因为他看尹继善不顺眼。尹继善这个人到哪里都受到称颂，不管是百姓，还是当地的豪绅，都对他交口称赞。这本来是好事，但乾隆觉得像这种左右逢源的人正是父亲所警惕的巧宦。再说了，尹继善这么做，大家都称颂他，谁还知道皇恩其实比这更浩荡呢？

最后，乾隆还是让尹继善去苏州了。有人说这么做是为了维稳，估计真实原因是故意让苏州百姓改变对尹继善的看法，让他们痛恨尹继善。显然，在尹继善临行前，乾隆已经给他交底了。乾隆警告他：如果你沽名钓誉，损害国家利益博取刁民称颂，那就等着掉脑袋吧！

尹继善来的时候，百姓以为救星到了；讽刺的是，在打死顾尧年、陆高等人的那天，尹继善和安宁共同临场监视。相信这事对苏州百姓的精神打击是残酷的，众目睽睽之下，这三十九人被活活打死，谁也无法救他们。在专制的天空下，皇帝的意志甚至大于天。

这一次，受伤的不只是尹继善，苏州的百姓都受伤了。他们发现，仁政也好，清官也好，都是靠不住的。

乾隆一向以爱民自居，但他爱的民是顺民，无条件地顺。百姓应该明白了，乾隆的爱民不是真爱，把爱改成统治二字更恰当。

当然，我们也不能因为这事把乾隆说成是一个暴君，归根结底他是一个封建统治者，他所做的一切都是从维护统治出发。譬如乾隆在位期间，五次普免天下钱粮，相当于免掉全国一亿五千万两白银；他还三次免掉漕粮一千万石，这些做法在中国古代是极为少见的，但这不代表乾隆爱民，只能说明他深谙统治之术。与此相反，对于那些胆敢叛逆的刁民他也毫不手软，不是斩立决，就是凌迟处死。

取缔大乘教

领教了乾隆的“两手政策”（一手施恩，一手施威）之后，我们再来看看乾隆是如何对待民间那些秘密宗教的。对于皇帝来说，宗教只有两种，一种是正教，一种是邪教。所谓正教就是对统治有利，或者至少是无害的，所谓邪教则是祸害国家、危及社会稳定的宗教。

乾隆前期，天下虽然太平，但远远没有达到圣王统治下四海升平的境界，人民的反抗也一直没有消停过。这些反抗组织大多伪装成宗教形式，我们知道朱元璋就是依靠明教发家的。宗教是一种很有煽动性的组织，对乾纲独断的乾隆来说，这是需要格外警惕的。

当时，比较流行的地下宗教有大乘教、罗教、宏阳教、收元教、长生道等，这些地下教派跟白莲教和明教有许多相似之处，组织严密，主张偏激，带有浓重的神秘色彩。其中，以大乘教的传播最为广泛，这个大乘教跟佛经原义中的大乘教完全是两码事。

乾隆十一年（1746年）三月，贵州总督张广泗密奏乾隆，妖人张保太的党徒流入贵州、四川，请求下令缉拿。张保太是云南大理鸡足山人，大乘教的创始人。康熙年间，张保太就开始在鸡足山上传教，自取法名“道岸”。康熙二十年（1681

年），张保太创立大乘教，自称“西来教主”。张保太创立大乘教的时候，正值平定三藩之后，当时中原百姓饱受战乱之苦，纷纷渴望“明主”出现，所以说张保太从创教开始就是不怀好意的。

作为一个教主，张保太是成功的，他很快就把大乘教“发扬光大”，全国各地都有信徒。终于，他引起了雍正的注意。雍正八年（1730年），张保太被逮捕，本来雍正是准备把张保太等人处以绞刑的。后来乾隆登基，天下大赦，张保太悔罪回乡，继续在暗地里从事传教活动。

乾隆六年（1741年），张保太西去，教主的职位由继子张晓接掌。不过，张保太的再传弟子刘奇能力更强，很快就取代张晓成为教主。刘奇当上教主后，以云南、贵州、四川为大本营，开始向全国蔓延渗透，由此形成了一个庞大的组织。

张广泗上奏之时正逢大乘教呈燎原之势，这个奏章引起了乾隆的高度重视，他批示张广泗，对这种事一定要严惩不贷，尽快抓住祸首，永除祸患，但不要追究胁从的人。

随后，乾隆下了九道谕旨，指示云南、贵州、四川、江苏、直隶、湖广、江南、江西、山西等地通缉大乘教的大小首领。云南总督张允随首先发力，逮捕了张晓和刘奇的徒弟刘钧、杨声等六个重要人犯，张晓和刘钧被凌迟处死，杨声斩立决。

张广泗是取缔大乘教的发起人，办事更为卖力，他缉拿了张保太的弟弟张二郎。通过审讯从张二郎的口中得知大乘教的聚会时间和地点，结果将大乘教的一些重要人物一网打尽，逮住了贵州大乘的首领魏明琏。张广泗接着对魏明琏进行审问，得到了大乘教的内部信息以及各地掌教人的资料。随后，张广泗上奏，称其他的人都好抓，只有一个叫朱牛八的首领很难通缉，因为朱牛八显然不是真实姓名，牛八合起来是个朱，这个名字隐含着怀念朱明的深意，似有反清复明之意。

当时，朱牛八是一个非常神秘的人，朝中没人知道他的真实身份。大乘教可以算是白莲教的分支，而朱牛八似乎是白莲教的首领，在邪教的宣传中提到："清朝气数已尽，四方正佛出自王门。胡人灭亡之后，何人登基？牛八原来是土星。"直接指明朱牛八是未来的皇帝。

朱牛八的线索一度中断，直到有一天，一个教徒来到四川巡抚衙门口，案情才有了突破。根据教徒胡恒的口供，朱牛八是贵州罗贡生家的女婿。张广泗立即展开缉拿，可惜没有抓到此人，更蹊跷的是根据胡恒提供的信息，贵州仁怀县安罗里虽然有一家姓罗的，但这个人不是什么贡生，而且在这一带根本没有传教的痕迹。

四川巡抚纪山由于追查大乘教不力，多次受到乾隆的责骂，乾隆甚至骂自己没有知人之明，让纪山很没面子。其实，纪山也不是完全没有收获，在四川时抓住了大乘教骨干一百二十九人，只是一些首领没有被抓住。后来，纪山加大追查力度，抓住了首领李奇和苏君贤。

各省搜捕大乘教都取得了丰硕的成果，值得一提的是北京的情况。北京虽然贵为帝都，大乘教的活动却非常猖獗，首领是一个叫吕斋婆的人。四川巡抚纪山审问刘奇时，刘奇不知道吕斋婆的情况。湖广总督审问金友瑞，他也不知道吕斋婆的下落。吕斋婆的女婿张天序在贵州被抓获，但也没有供出吕斋婆的下落。

这场全国范围内的血腥大捕杀持续了近九个月，一些主要案犯纷纷被缉拿归案，一一正法。虽然像朱牛八和吕斋婆这样的神秘人物逃脱法网，但已经兴不起什么风浪了。

乾隆十一年（1746 年）十一月，乾隆宣布结案，所有邪书收缴焚毁。

福建老官斋教徒暴动

罗教可以追溯到明朝嘉靖时，当时山东即墨县有一个叫罗清的人，此人创立了罗教，被教徒们尊称为罗祖。罗清是一个颇有思想、颇有头脑的人，他吸收了佛教的“万物皆空”理论，认为“真空”是宇宙的本源，又糅合了道教和宋明理学的理论，认为万般都是无极化。所以，罗教又被称为“无极教”和“太极教”。

福建老官斋教是罗教的一个支派，在官府眼里，这个教派就是大乘教。乾隆十三年（1748 年）三月，福州将军新柱上奏，说老官斋教是罗教的化名，也就是大乘教（这位将军显然没搞清大乘教跟罗教的区别，不过他看到了一个本质性的问题，就是两者都是邪教）。根据新柱的说法，老官斋教是由浙江处州府庆元县姚姓远祖普善传来的；普善留下了《三世因由》一书，书中说初世姓罗，二世姓殷，三世姓姚。他们都是天上的弥勒佛的化身，号为无极佛祖。男女老幼都可以加入这个宗教，不过必须吃斋，凡是教徒，都必须用普字作为教名。

乾隆初期，庆元县姚氏后人姚正益每年都会来福建传教一次，刚开始的时候教徒不多，后来人数越来越多，教徒们都把姚正益奉若神明。

这些教徒们自号老官斋教徒，经常聚在一起吃斋，地方官当时没在意。后来，他们的声势越来越大。乾隆十二年十一月，斋明堂首领陈光耀搭建长篷，聚集大量乡民，大家一起点烛念经，引起了地方官的不安。事情告发后，官府派人把首领抓住。

这事发生后，各堂的堂主都惶惶不安，担心牵连到自己。于是，一些首领居然商议劫狱。其中，有一个叫宋锦标的教徒，他的妻子严氏是一个女巫，自称能通神。她竟然扬言受到祖师的感召，弥勒佛降灵到自己身体上，准备治理乱世。这样一来，很多教徒深受鼓舞，他们搜集各种兵器，还模仿政府军设置了元帅、总兵、副将、游击、守备、千总等军衔，每人头上裹一块破布，正式拉开暴乱序幕。

几千名教徒就这样浩浩荡荡地直奔宁府城，最先告诉官府老官斋教徒叛乱消息的是一个叫张国贤的布贩子。当时，张国贤经过县城附近，被教徒扣押。幸亏张国贤机灵，中途逃出，匆匆赶往府城，向知府徐士俊禀报。徐士俊觉得张国贤是大惊小怪，太平盛世怎么可能有暴乱，一定是张国贤弄错了，那些教徒不过是私下里聚会什么的。后来收到官兵报告，徐士俊才知道这一切都是真的，立即派遣官兵镇压。

这些教徒毕竟只是一些乌合之众，官兵一来，轻易就把他们打散。许多教徒往山里窜，结果官兵进山捉拿了二百多人。

事情报告到乾隆这里，他不但没有赞扬徐士俊弹压有功，还将他撤职，理由是：邪教建立斋堂，发展到图谋不轨，作为知府平时不注意防范，导致酿成事端，理应承担责任。

对这次暴动，乾隆非常关心，当他得知为首的魏现逃脱后，指示地方官一定要将人缉拿归案，乾隆说这个犯人情节特别严重。对于其他教徒，乾隆也主张从严处理，多杀几个人，让奸徒们知道畏惧，有助于维护稳定。

后来，官兵在深山老林中将魏现抓捕。在处理此案过程中，乾隆一反往日的宽大，定了六等罪：首犯凌迟处死，助谋斩立决，宣传邪教蛊惑愚民的处以绞刑，被胁迫的犯人充军，知情不报的流放，不知情的教徒暂缓处理。

结果，一人被凌迟处死，四十九人斩首，九人被绞死，一人绞候（有待进一步审理），发配充军的八十八人，杖责有九十九人，罪犯家属入奴发配的有十九人，还有几十人或自杀，或瘐死狱中。

这个案子的处理是非常残酷的，从中可以看出乾隆的统治思想，仁政只是表面文章，治国根本还是：顺我者昌，逆我者亡。

这次暴动虽然规模小时间短，但是给乾隆的冲击很大，他觉得这些乱民真是不知好歹，实行仁政他们反而得寸进尺。随后，乾隆决定清查邪教，将老官斋教全部扫除。

清水教大劫

乾隆三十九年（1774 年），被历史学家称为盛世转衰的转折点，这一年也是多事之秋。

自从康熙平定三藩之乱后，中原大地再也没有爆发大规模的战争，一百年的平静积累的大量的热能，终于在这一年爆发。

这事还得从乾隆三十七年（1722 年）春天开始说起。自从乾隆先后以铁腕政策取缔大乘教和老官斋教之后，民间的地下宗教更加隐秘，教徒们再也不敢招摇过市，以至于官府认为在政府的铁腕打击下，国内基本肃清了邪教势力。

山东濮州人谌梅打破了官府的幻想。这一年春天，他带着“邪书”来到河南临颍县，不幸被官府查获。随后，官府顺藤摸瓜，找到了邪教的头领，濮州人王中。由此，将潜水极深的清水教拉出水面。

王中被捕之后，山东巡抚徐绩准备拿他开刀，当成政绩献给皇上。徐绩先搜罗王中的逆书，希望从中发现谋逆的证据，别说，真让他搜到了。在王中的“邪书”中有这样的话：“平明不出周刘户，近在戊辰己巳年。”徐绩问王中做何解释，王中也相当聪明，说“平明”是天明时运气流转，讲的是气功导引之术，练习气功应该在天微明时起来。徐绩心想，你厉害，旋即挑出更致命的句子：“也学太公渭水事，一钓周相八百秋。”这句话谋反的意思还不明显吗？王中也有自己的解释，说太公、八百秋等话不过是教导人们修身行善，这样才能延年益寿，活得像姜太公那么长。

徐绩没辙了，只好将整个审案过程上报给乾隆。与此同时，河南巡抚何熠奏请将王中绞死。

收到徐绩的奏折后，乾隆没有研究案情，而是仔细观察“平明不出周刘户，尽在戊辰己巳年”这两句诗，他觉得其中大有蹊跷，绝不像王中说的那样是气功导引之术。经过仔细辨认，乾隆发现“明”字有改动痕迹，很可能是“胡”字。如果是“胡”字，那么这个案子就大了，不仅是邪教，而且是企图推翻大清的邪教。文化深厚的乾隆认为根据王中的诗，幕后应该还有两个更高的首领，这两个首领分别姓周和刘。得出这个结论后，乾隆立即命令军机大臣传谕徐绩，暂停对王中处置。乾隆想揪出幕后黑手，而且他相信自己的直觉。

可惜，乾隆的谕旨还没有到山东，巡抚徐绩就已经把王中绞杀。

这样一来，线索突然中断，幕后黑手似乎可以逍遥法外。然而，随着案情的发展，竟然证实了乾隆的判断。从一句诗居然能够判断出篡改的痕迹，还能推测出幕后的元凶，不得不佩服乾隆见微知著的本领。

五月，河南巡抚何煟审理案犯李孟炳，从李孟炳的供词中得知，王中的头上还有一个姓刘的老教主，这 人本是个监生，本名刘省过，祖上有做官的。刘教主旗下有三个教派分支，分别为先天、中天、后天，王中只不过是支教的首领。乾隆得知，为自己的智慧兴奋不已，立即下令捉拿刘省过，最后在刘省过的卧室地下刨出一万两千多两白银，这笔钱是教主刘省过多年从教徒手中搜刮而来的。

就这样，清水教萝卜带泥，被连根拔出。

清水教原名八卦教，是由康熙初年山东单县人刘佐臣创立的，是以刘佐臣是清水教第一代教主。第二代教主是他的儿子刘儒汉，第三代教主是他的孙子刘恪，刘省过是第四代教主。像所有的宗教一样，清水教也有一些神神鬼鬼的东西，清水教的头目们自称喝一杯水，七七四十九天可以不吃饭不喝水，清水教的名字就是这么来的。

在刑讯逼供下，刘省过供出了离卦、震卦、坎卦等八卦教主要头目，从而揭开了邪教的隐秘网络。刑部给刘省过拟罪凌迟，他的弟弟刘省慜和长子刘铨斩立决。八月，乾隆将刘省过的处罚改为斩立决，其弟和其子改为斩监候。到秋审时，刘省过处斩，刘铨仍然有待进一步审理。

如果清水教案子就这么结束，那它充其量只是一个小案子，远远算不上是大劫。刘省过虽然是清水教的教主，但他没有掀起多大的浪花。

清水教最重要的人物不是这个刘教主，而是一个叫王伦的人，正是这个人，用自己的实力在清王朝的心脏部位跺了三脚。

王伦起义

王伦究竟是何方神圣，能够震撼一代雄主乾隆，让他产生害怕的感觉？

王伦也是山东人，家住寿张县党家庄。二十三年前，王伦认识了清水教的一个堂主张既成，跟随他加入清水教。在清水教中，王伦是一个本领高强的人，拳脚功夫了得，据说还会气功，经常在家乡附近的几个县行医传教，跟刘省过装神弄鬼故作高深藏在家里是完全不同的两种风格。王伦的教徒很快发展到几千人。

名誉教主刘省过被抓住后，王伦知道自己的好日子也不长了，与其等人拿刀来砍，不如自己先拿起刀去砍别人，还能占个先下手为强的便宜。

王伦虽然属于清水教一个分支的首领，但事实上他的权力最大，加上他看病不收钱只收徒，所以三教九流的人士都愿意跟他混。而王伦也并不是所有的人都收的，王伦应该很早就开始想造反，一路上他胸有成竹，注意挑选那些精干强壮的人。这说明王伦多少还是有见识的，知道造反群体贵精不贵多。

王伦被大家称为“收元之主”，以区别清水教的刘姓教主。

王伦之所以选在乾隆三十九年（1774 年）春起事，固然跟刘省过被抓有关，还有一个重要的原因是山东发生了饥荒。官府不但不赈灾，反而额外征收钱粮，许多农民无以为生；清水教此时就像一个巨大的海绵，而这些民众正如唐太宗所谓的“能覆舟”的水。

看到饥民纷纷投奔自己，王伦以为大势所趋，是时候造反了。七月，他召集清水教的骨干人员，决定在八月二十八日起事。

造反是中国历史中风险最大的一个举动，当然如果成功，收益也是最大的。若非拥有非凡能耐的人是不敢轻易造反的。所有造反的人都需要一个旗号，换句话说，都要一套蛊惑人心的宣传。王伦的舆论也非常蛊惑人：“在八月以后，有四十九天大劫，跟随我的人可以免遭劫难。”王伦还预言在大劫之时，将会有大风雨。

八月二十八日五更，清水教部众如期起事。寿张县内的教徒在半夜打开城门，迎接其中一个头领梵伟进城，他们随即围住衙门，杀了知县沈齐义，占领城池。第二天，教徒们迎接王伦进城。这几天果然如王伦预言的那样风雨大作，于是，相信王伦的人越来越多。王伦随后又攻下堂邑县和阳谷县，部众发展到几千人，还缴获了数百辆车。由于寿张、堂邑、阳谷三县城池低矮残破，王伦决定攻下临清作为暂时的大本营。

九月五日，起义军占领距离临清四十里的柳家庄。七日，山东巡抚徐绩带兵五百，围攻柳家庄。说是围攻，其实非常荒唐，官兵们胆子非常小，老远看到义军，就稀里糊涂乱放枪，结果起义军到他们跟前时，他们的枪炮已经用完了。徐绩等人反而被围住，最后一个叫惟一的满人总兵带兵救了徐绩。

徐绩捡回一条命，当即躲在临清城里。在攻打临清的过程中，王伦不知用了什么计策，让官兵们的枪炮失效。守城官兵认为王伦用了邪术，把鸡血狗血往下面洒。官兵们昏庸至此，战斗力可以想象。

后来，德州、青州和直隶相继派兵增援，才解了临清之围。

乾隆是九月五日收到奏折，才得知王伦叛乱的消息。乾隆传谕徐绩："这种奸民，实在罪大恶极，这个案子特别严重，要按叛逆案来处理，跟平常百姓游行示威有所不同。一旦抓获，为首的立刻凌迟，同党斩首。要多办一些人，给他们点颜色看看，让大家知道怕处。抓到王伦后，将他全家斩首。"

临清有两个城，旧城城墙坍塌，但是面积很大，人口稠密。

新城主要是做军事用的，城墙坚固，但里面人相对较少。看到新城久攻不下，王伦带着部众在旧城宿营；为了抵御官兵，王伦将车子堵在街头巷尾。这时候，王伦的部队已经发展到上万人。可以想象，这个人还是有一定的领导能力的。

没过多久，兖州总兵惟一、德州驻防城守尉格图肯率军来到临清旧城外和王伦交战，没想到官兵不堪一击，没坚持多久就败退东昌。王伦借着这个机会阻断漕运，趁机劫夺漕粮。义军控制运河之后，官兵就不敢再南下。

乾隆最担心的事情出现了。就在这朝野震动的关键时刻，给事中李漱芳站了出来，上了一道见解深刻的奏折。他说奸民之所以滋事，主要是由年成歉收和地方官隐瞒灾情引起的，这些“奸民”主要还是一些填不饱肚子的饥民。李漱芳还说，山东的很多饥民往京畿之地流徙时，路过卢沟桥，官兵因为怕皇上知道灾情，居然派兵拦截，不准他们北上。

在奏折中，李漱芳也承认，其中确实有一些奸民，譬如王伦这样的，但大多数都是平常老百姓。李漱芳是希望官兵在镇压时把握好一个度，不仅要镇压，也要安抚饥民，改良吏治。

李漱芳的建议应该说是很好的，但是敏感的乾隆认为李漱芳是在为刁民说话，纯属沽名钓誉。乾隆甚至否认山东遭灾，乾隆的理由很简单，如果山东受灾，地方官早告诉我了，既然没告诉我，就说明没什么灾情。话虽如此，乾隆还是派大学士舒赫德去山东实地查访。

舒赫德以钦差大臣的身份到山东指挥剿匪。舒赫德来到德州后，了解到惟一和尉格图肯临阵脱逃之事，上奏给乾隆。乾隆指示，立即将这两人在军前斩首。舒赫德还密奏徐绩被围时惊慌失措的样子，乾隆说徐绩的事以后再处理。

舒赫德毕竟精干，他率领三路大军围攻义军。义军在城外阻击，终因寡不敌众退回城里，随即展开了巷战。巷战非常惨烈血腥，义军势单力孤，终究不是官兵的对手。有两千多义军在巷战中战死。官兵们后来得知王伦在一栋楼上，将楼团团围住。见此情景，王伦的副帅王经隆劝王伦投降，王伦说："我宁愿烧死在楼上，也不投降。"

最后，王伦点火，烧死在楼上，有人看到他头发和胡子烧焦了，仍然站在楼上，目光淡定。这人确实不是等闲之辈，如果不是生活在专制时代，应该能成就一番大事。

正如王伦所预言，有一场大劫，但这个大劫不是什么天变，而是官府带来的血光之灾，大量的人被屠杀，无数的人流离失所。

事情平息之后，乾隆觉得是时候处理"不知顺逆大义"的李漱芳了。舒赫德在山东实地查访后，证实了李漱芳所说，山东地区确实歉收，地方官一味隐瞒灾情。乾隆对这个结果很不满意，让舒赫德再查。舒赫德洞悉圣意，再次查访后上奏说："山东地区并无灾情，也没有加征税赋一说，这次民变完全是因为王伦等邪教徒图谋不轨。"

接下来就可以名正言顺地处理李漱芳了。乾隆批评李漱芳沽名钓誉，为乱民造反提供借口，简直是蛇蝎心肠。接着乾隆自比明君，说自己从来不愿以言论治人罪，只不过李漱芳见识平庸、心术不正，降为礼部主事。四年后，礼部员外郎空缺，吏部尚书永贵建议李漱芳补缺。乾隆又骂永贵沽名，罢免了永贵吏部尚书的职位。

李漱芳从底层动乱中认识到盛世帝国潜藏的衰败因素，及时提醒乾隆关注民生，进行吏治改良，应该说是极有远见的，也是为帝国的长治久安着想，但他意识不到这点，只关注表面的"立场"和眼前的利益。

无论如何，清朝的衰落正是从乾隆开始，而苦果将由乾隆的子孙们来咽下。

第六章　还原十全武功真相

乾隆酷爱炫耀文采，这一点大家都知道，在历史上很难找到比乾隆更勤奋的诗人，也很难找到一个皇帝像乾隆这样喜欢题字。大家不知道的是，乾隆也非常喜欢炫耀武功。晚年，他自诩为“十全老人”，意思是他有十大武功。

第一次金川之战

乾隆酷爱炫耀文采，这一点大家都知道，在历史上很难找到比乾隆更勤奋的诗人，也很难找到一个皇帝像乾隆这样喜欢题字。大家不知道的是，乾隆也非常喜欢炫耀武功。晚年，他自诩为“十全老人”，意思是他有十大武功。

我们来看看是哪十大武功。

武功一：乾隆十二年（1747 年）至乾隆十四年（1749 年），

第一次平定大金川战争。

武功二：乾隆二十年（1755 年），平定准噶尔达瓦齐之战。

武功三：乾隆二十年（1755 年）至乾隆二十二年（1757 年），平定准噶尔阿睦尔撒纳之战。

武功四：乾隆二十三年（1758 年）至乾隆二十四年（1759 年），平定回疆大小和卓之战。

武功五：乾隆三十年（1765 年）至乾隆三十四年（1769 年），征讨缅甸。

武功六：乾隆三十六年（1771 年）至乾隆四十一年（1776 年），第二次平定大小金川之战。

武功七：乾隆五十一年（1786 年）至乾隆五十三年（1788 年），平定台湾林爽文起义。

武功八：乾隆五十三年（1788 年）至乾隆五十四年（1789 年），征讨安南之战。

武功九：乾隆五十三年（1788 年）至乾隆五十四年（1789 年），反击廓尔喀之战。

武功十：乾隆五十六年（1791 年）至乾隆五十七年（1792 年），第二次反击廓尔喀。

看来乾隆对武功很痴迷，把对同一个敌人不同阶段的战争都拆开来一分为二，这也不能怪乾隆，不这么做就没有十全，要十全肯定得注水。

我们先来看看两次平定金川之战。

金川位于四川省西北，分为大金川和小金川，这里盛产金矿，是以得名。在金川地区居住着大量的少数民族，其中以藏族居多。在改土归流之前，金川一直由土司管辖。

大小金川位于青藏高原，崇山峻岭，道路崎岖，交通极为不便。在雍正时期，有一个叫莎罗奔的人投靠岳钟琪，为平定西藏立了大功，被封为大金川的安抚司，相当于以前的土司。从此，莎罗奔就把大金川当作自己的地盘，有了地盘就想扩大地盘。小金川的地盘由土司泽旺控制，而泽旺这个人性格懦弱。

莎罗奔为了控制小金川，把自己的侄女阿扣嫁给了泽旺。阿扣嫁给泽旺没多久，就给他戴了一顶绿帽子，勾搭了泽旺的弟弟良尔吉。乾隆十年（1745 年），莎罗奔伙同良尔吉，攻取了小金川，泽旺沦为阶下囚。

事情发生后，川陕总督庆复和四川巡抚纪山睁一只眼闭一只眼，并且建议乾隆不要介入他们的斗争。乾隆觉得有道理，便让他们调解。

庆复和纪山给莎罗奔施压，无奈之下，莎罗奔释放泽旺，归还土司印信。尽管如此，莎罗奔却无法克制扩张的野心，他深深迷恋在势力扩大的状态里。乾隆十二年（1747 年）正月，莎罗奔准备发兵攻打土司革布什咱，一番劫掠之后，又先后攻打土司鲁密和章谷。莎罗奔大有吞并大小金川的势头，乾隆终于坐不住了。

三月二十一日，乾隆任命张广泗为川陕总督，对金川进行进剿。张广泗是乾隆一手提拔起来的人才，在贵州处理苗疆之乱获得了极大的成功，在乾隆眼里，张广泗就是一个处理少数民族问题的专家。

张广泗接到这个任务后，自信满满，觉得这次肯定也是手到擒来。不久，张广泗就向乾隆报告，现在手中有汉、土官兵两万人，这些士兵各怀心思，不能指望他们作战有多勇猛，汉人部队严重不足，请求紧急调拨两千人马。乾隆立刻批准。

刚进四川不久，张广泗确实取得了一些成绩，收复了毛牛、马桑等地。张广泗更加得意，他大言不惭地向乾隆承诺："各路大军已经准备好了，分路进发，直捣敌人巢穴，贼众不日可破。"

很快，张广泗就为他的轻敌和骄傲付出了代价。金川跟贵州的情况不太一样，这里山高路险，堡寨林立，而且藏民们非常凶悍。在这种地形里作战，张广泗觉得非常痛苦，而且还得处处提防暗箭。面对敌人坚如磐石的堡寨，张广泗更是一筹莫展，甚至向乾隆诉苦，说敌人的堡寨一夫当关，万夫莫开，要攻克非常困难。

已经夸下了海口，纵使前面是刀山火海也得上啊！仗打得非常吃力，每攻下一座堡寨，张广泗都要付出相当大的代价。一年过去了，战事没多少进展，却耗费了数百万的银两。乾隆很生气，责骂了张广泗一通，继续让他打，还给他送去一个助手，就是曾经叱咤风云的岳钟琪。不过，有张广泗在，岳钟琪很难发挥作用，因为两人的矛盾由来已久。

随后乾隆还派遣了一个重量级人物到四川，这个人便是首席军机大臣讷亲。讷亲固然位高权重，但是他从来没有打过仗，对军事一窍不通。如果说岳钟琪还有点靠谱，讷亲就是完全不靠谱，让这样一个人来和张广泗合作，真搞不懂乾隆是派人来协助，还是派人来捣乱？

讷亲来了以后，麻烦就更多了。张广泗这个人是非常有个性有脾气的，所以他有一个习惯：不把上司放在眼里。讷亲呢，也有一个习惯：他最讨厌别人不把他放在眼里。结果两人关系不合，经常扯皮，性格决定命运。自从讷亲一来，战事更加不顺。这里需要说明的是讷亲是一个优秀的文官，处理政事还是很有经验的，并不是一个窝囊废，只不过不善于打仗，所以讷亲最后被斩是无辜的，真正的责任在于乾隆。他把一个不适合干某行的人放到该行，结果那人没干好，他还把责任全都推到那人头上。

由于征战失利，乾隆一怒之下，将张广泗于军前处斩，然后给讷亲寄了遏必隆曾经用过的刀。讷亲用自己祖父的刀自尽，他一定觉得自己很冤，本来在朝中处理政事好好的，你偏偏让我到金川来，分明是送我上绝路。

两个主帅被杀之后，乾隆让自己的小舅子傅恒（福康安的老爸）出任金川统帅。傅恒来到金川后，接受岳钟琪的建议，取得了一些胜利。乾隆和傅恒都是聪明人，知道金川很难攻下，连年征战已经耗费巨资，财政吃紧。现在正好取得了一些小胜利，可以体面地结束战争了。

就在乾隆传谕傅恒班师回朝之时，岳钟琪居然收服了莎罗奔。要知道，莎罗奔以前是岳钟琪的部下，对岳钟琪非常佩服。和清军抗衡了两年，莎罗奔的元气也快耗尽，所以向岳钟琪请降。岳钟琪艺高人胆大，居然带着几十人去莎罗奔的营地，接受他的投降。

第一次金川之战就这样结束了，历时三年，动用军队八万，耗费白银一千一百万两。毫无疑问这是一场赔本的战争，耗费巨资不说，两个重臣被斩首，而且这两人都是人才。最重要的是，这场战争并没有换来多久的和平，不久就爆发了第二次金川战争。

如果让我们给“武功一”打分可能只有：一分。给出一分的理由是，乾隆起用了岳钟琪，也算是用对了人。岳钟琪收降了莎罗奔，是这场战争中唯一的亮点。

第二次金川之战

第一次金川之战受惠最大的是岳钟琪，他不仅重新获得了三等公爵封号，还得到“威信”的赐号，获得兵部尚书头衔。在雍正朝，岳钟琪因为作战失利，罚款七十万两银子，乾隆全部免掉。

莎罗奔年老后，他的侄子朗卡接替了他的位子。朗卡跟他叔叔性格相似——也许这就是朗卡得以继承叔叔衣钵的原因。朗卡是一个野心勃勃、进攻性特别强的人，他屡次攻击和劫掠其他土司。

乾隆三十一年（1766 年），四川总督阿尔泰为了调解各个土司之间的关系，居然出面让朗卡的女儿嫁给泽旺的儿子僧格桑。阿尔泰没有料到的是，自己好心办了坏事。阿尔泰本来的目的是让各个土司和平共处，防止一方坐大。没想到大小金川的土司联姻之后，居然合起来欺负其他土司。就这样，大小金川的土司连番掠夺其他土司。

乾隆三十五年（1770 年），朗卡病故，他的儿子索诺木继承职位，而此时小金川的泽旺也因年老将土司事务交给儿子僧格桑。

乾隆三十六年（1771 年），索诺木和僧格桑相互勾结，攻打革布什咱，杀害了土司色楞敦多布，接着进攻沃克什和明正两个土司。阿尔泰奉命派兵镇压，但其办事非常拖沓，办事效率相当低。乾隆实在受不了他，免除其职务，让云贵总督德福接替他处理四川事务。

然而，德福来到以后，比阿尔泰还不如。阿尔泰好歹是准备办事的，但德福却上奏说，这地方环境如何糟糕，我军在这里如何不适应，还说土民虽然刁钻，但是没有妄念。乾隆看了，非常生气，仍命阿尔泰署理四川总督。可惜，人的毛病是很难改的，阿尔泰归位之后，还是非常拖沓，经常找各种理由推迟用兵，估计是不敢打，毕竟张广泗、讷亲的前车之鉴还在。如果不打最多是降职和丢官，如果打可能就要丢命了。

乾隆很失望，但也只能失望，总不能把他斩了吧！只好除掉他大学士和总督的职位。

随后，乾隆让大学士温福和户部侍郎桂林前去四川。为了平定金川，乾隆出手非常大方，他从陕甘调兵一万七千，从贵州调兵八千，再加上四川的兵力，总共有六万两千五百多人。至于拨款就更庞大了，合计两千九百万两白银。乾隆甚至说，只要荡除贼寇，就是再多花一千万两，朕也没有怨言。当时清朝的库银也不过八千多万两，乾隆一出手就这么豪气，实在让人震惊。

到达四川后，温福和桂林拟订了作战计划，温福率军从汶川出发，桂林领军从打箭炉出发。温福和桂林还算给力，先后攻破巴朗拉和穆巴宗堡寨，接着直逼小金川。僧格桑仗着地势险要，极力坚守抗拒。清军经过两个多月的狂轰滥炸才打开小金川的门户。不久，温福攻克了阿喀木雅，乾隆三十六年（1771 年）十月，桂林攻破五座碉堡，二十多座石卡。乾隆三十七年（1772 年）三月到四月，桂林战果更加辉煌，一路击破，直逼小金川的咽喉僧格宗。

看到前方捷报频传，乾隆非常高兴，夸奖前方将领，让他们尽快捉拿贼首。可惜好景不长，就在大家高兴之时，前方忽然传来战败的消息。桂林部将薛琮带领三千人在墨垄沟被小金川军队围住，薛琮向桂林求援，桂林却没有营救，导致薛琮全军覆没，仅有两百人泅水逃回。

乾隆一气之下，解除桂林的职务，调任阿桂接替他。此后，清军又取得了一些胜利。然而在乾隆三十八年（1773年），清军遭遇了一次惨败，主帅温福阵亡。温福阵亡后，乾隆任命阿桂为定西将军，全权负责剿匪事务。为了确保阿桂能赢得战争的胜利，乾隆向前线派送了大量的军饷、弹药和援兵。阿桂是一个身经百战的优秀将领，手下有一大批猛将，如海兰察、明亮、福康安、丰绅额。在阿桂的指挥下，清军很快攻克了小金川，随后以雷霆万钧之势攻向大金川。中途，僧格桑病死，索诺木献出僧格桑的头颅向阿桂乞降，阿桂不理他，继续进攻。

乾隆四十一年（1776年）二月，索诺木自知山穷水尽，捧着印信，带着全家和部众两千多人到清军大营投降。第二次金川之战就此画上了句号。这场战争历时五年，耗资七千多万两白银，调兵十多万，终于结束了，百姓可以喘一口气了。

战争结束后，乾隆为了永绝后患，废除了金川的土司制度，设置流官，加强对金川的控制。从此以后，金川就变成帝国的直接辖区。如果要给乾隆这次武功打分，可以打五分，虽然代价很大，但毕竟解决了国家内部的分裂和割据问题，使整个国家成为一个有机的整体，也将金川人民从水深火热中解救出来。

制服准噶尔这头野兽

议和罢兵

从康熙开始，清廷与准噶尔的矛盾就从来没有停歇过。

康熙收服了一代枭雄噶尔丹。

雍正与噶尔丹策零打得难解难分。

到了乾隆头上，准噶尔仍然是一个烫手的山芋。

雍正十一年（1733 年）后，噶尔丹策零感觉耗不起，便向雍正示好，主动释放清军俘虏，希望大家能够握手议和，追求双赢机制。

对于清政府来说，连年对准噶尔用兵，军费开支早已让财政捉襟见肘，也耗不起。从康熙五十六年（1717 年）到雍正十一年（1733 年），清廷在军费上的开支高达七千多万两白银，当然这些开支远远比不上乾隆朝的军费开支。军费如此之高，是很难达到盛世的，所以，停止用兵也是雍正的心愿。

雍正让群臣商议后，决定接受议和策略。为了表示诚意，雍正下令驻扎在科布多的清军撤到罕瘦尔；一个月后，雍正派遣使者前往准噶尔。噶尔丹策零盛情招待清廷使者，出城十几里迎接。

尽管双方都很热情，礼仪也很周到，但是谈判之路却非常曲折。清廷使者傅鼐提议准噶尔和喀尔喀以阿尔泰山为界，噶尔丹策零对此不能同意，坚持要以杭爱山为界。对此，傅鼐果断地表示拒绝。谈判一再中断，直到雍正驾崩，双方都没有达成共识。

乾隆即位之后，在边界问题上丝毫没有让步，在接见准噶尔使者时，乾隆一再强调："边界问题应当按照皇考的方针办事。"

乾隆的强硬姿态让噶尔丹策零非常愤怒，召集各大台吉开会。会议中，只有少数人支持按照清廷的要求划分疆界，大多数人都对清廷表示不满。

乾隆三年（1738 年）秋天，双方再次举行谈判，仍然互不相让，结果谈判失败。十二月，噶尔丹策零做出了一些让步，放弃阿尔泰山以南地区，提出新的定界方法，以阿尔泰山为界，准噶尔部落在山北游牧，喀尔喀在山南游牧。同时，准噶尔部享有特权：每四年，可以在北京和肃州进行一次贸易。

一纸合约换来了二十年的和平，合约的签订对双方都有好处，兵戈平息，国库充实，百姓安宁。这份合约也为乾隆盛世的到来奠定了和平的基础，没有稳定的国内环境，很难想象会出现盛世。

准噶尔内乱

乾隆十年（1745 年）九月，噶尔丹策零病死，对于准噶尔部落来说，这是内乱的征兆。

噶尔丹策零死后，他的儿子们继承准噶尔部落的“优良传统”，很快火拼起来。准噶尔部落不久就陷入混乱之中。

噶尔丹策零有三个儿子和一个女儿，长子是喇嘛达尔扎，次子是策妄多尔济那木扎尔，幼子是策妄达什，女儿是乌兰巴雅尔。

乾隆十一年（1746 年），次子策妄多尔济那木扎尔才十二岁，但是他母亲的身份尊贵，得以继承汗位。可惜这个小朋友不知道如何做一个大汗，史书说他昏庸无能残暴嗜杀，一个十二岁的小朋友就能把这些滔天的罪名给揽上，真是厉害。姐姐乌兰巴雅尔总是劝他不要胡闹，他不仅不听，还把姐姐和姐夫囚禁起来。

这样胡闹的小朋友如果放到中原，凭着三纲五常的束缚，或许还能统治一段时间，但准噶尔都是如狼似虎的人，怎么会容许他恣意妄为。

小朋友也知道，对自己汗位威胁最大的是哥哥喇嘛达尔扎。乾隆十五年（1750 年）夏天，小朋友想借着打猎的机会杀了哥哥，结果阴谋败露，不仅没能杀了哥哥，反而被哥哥先发制人。喇嘛达尔扎挖出弟弟的双眼，将他囚禁在阿克苏，然后顺理成章地登上汗位。

没想到，喇嘛达尔扎这个汗位也坐得不安稳，虽然他是长子，但是庶出，地位低，所以很多人不服。许多台吉想谋立幼子策妄达什，被喇嘛达尔扎识破，将他们的阴谋粉碎。

就这样，幼子被杀死，噶尔丹策零的三个儿子只剩下长子喇嘛达尔扎。

阿睦尔撒纳和班珠尔逃到达瓦齐那里。达瓦齐是巴图尔珲台吉的后代，大策凌敦多布的孙子，在额尔齐斯萨拉太这块地方游牧；这地方很险要，他们人口又多。最让人担忧的是，根据达瓦齐的说法，他的出身决定了他可以优先继承汗位。所以，喇嘛达尔扎对达瓦齐非常警惕。

一日不除掉达瓦齐，喇嘛达尔扎就睡不安稳。他打算派人去召达瓦齐商议事情，然后借口把他杀了。达瓦齐也不是傻子，果断地拒绝了他。没办法，喇嘛达尔扎只好派兵擒拿达瓦齐。达瓦齐见对方赶尽杀绝，决定投靠清廷。

乾隆十六年（1751 年）九月二十二日，达瓦齐率领五千人往北京方向赶去。沿途不断受到追兵的袭击，达瓦齐在通哈尔垓击败了追兵，但是仍没有甩掉追兵。随后，在纳林布鲁尔河和阿尔泰山一带，又遭遇上万追兵的拦截，幸好阿尔泰山道路狭窄，达瓦齐逃了出去，跑到了哈萨克。

但是，达瓦齐的很多家属和部众都被喇嘛达尔扎抓住了。不久，喇嘛达尔扎又派出三万人马前去擒拿达瓦齐和阿睦尔撒纳。达瓦齐等人又仓皇出逃，来到新疆塔城，收集部众千余人，昼夜前行，在乾隆十七年（1752 年）十一月二十七日，突围进入伊犁，居然偷袭成功，杀死喇嘛达尔扎。达瓦齐就此登上了汗位。

准噶尔注定是一个无法平静的部落，达瓦齐即位之后，并没有迎来和平。又有人说达瓦齐昏庸无能，嗜酒好杀，人心尽失。小策凌敦多布的孙子纳莫库基尔噶尔是第一个归降达瓦齐的人，但也是第一个起来反抗的。在宰桑的支持下，他带兵和达瓦齐打了起来。

内乱让准噶尔的许多台吉无所适从，杜尔伯特部台吉车凌、车凌乌巴什和车凌孟克商量："现在准噶尔混乱至此，永无宁日，大家过着地狱般的生活，不如归顺天朝吧！"

就这样，他们带着一万多人，离开自己的游牧地，归顺了清廷。

达瓦齐和阿睦尔撒纳的联盟原本建立在反对共同敌人喇嘛达尔扎的基础上，当共同敌人被消灭后，两人的矛盾就凸显出来了。乾隆十八年（1753 年），阿睦尔撒纳提出分割准噶尔的要求，等于是要求达瓦齐把准噶尔分一半给自己，达瓦齐当然无法忍受这种要求。此后，达瓦齐屡屡派兵攻打阿睦尔撒纳，可是连连吃败仗。第二年六月，达瓦齐倾巢而动，率领三万八千人，围攻阿睦尔撒纳。阿睦尔撒纳寡不敌众，不得不率众出逃，直奔北京，就这样，阿睦尔撒纳也投降了清朝。

常年的内战让准噶尔人民饱受创伤，生活困苦至极，乾隆冷眼旁观已久。

乾隆十八年（1753 年）八月，大臣舒赫德上奏，请乾隆派出使者与达瓦齐修好。乾隆听了大骂，说我泱泱天朝虽然不至于乘人之危，但也没有落到要跟一个犯上作乱的部落乞和的地步。达瓦齐本来就是旁支，居然弑主作乱，自立为台吉，大逆不道之辈，跟他们修好是玷污我们。

这年冬，三个车凌已经率领部众来到京城，乾隆一方面让人妥善安置他们，一方面对追击他们的宰桑玛姆特表示极大的愤慨，认为他强行入边，是对清军的藐视。乾隆认为，如果不狠狠地教训一下准噶尔部队，他们强大以后，气焰会更加嚣张，出入更加肆无忌惮。

乾隆十九年（1754年），乾隆决定武力征伐准噶尔。五月初四，乾隆对军机处下了一道命令："准噶尔部落多年来一直不安分，不是内乱，就是挑衅我们，还经常与哈萨克为难。现在是消灭他们的最好时机，如果失去了这个机会，等他们恢复过来，又不知道要等到什么时候了。明年，兵分两路进攻伊犁。"

由此可见，皇上的话是不可信的，之前乾隆还说堂堂天朝是不会乘人之危的，现在却说机不可失时不再来。

乾隆是一个对形势很敏感的皇帝，他在这时候提出对准噶尔作战的决策是英明的，也是有底气的。清朝入关之后，经过顺治、康熙、雍正的经营，政治逐渐稳定，经济逐渐繁荣。在顺治的时候，财政还经常出现赤字，到了康熙末年的时候，国库已经有八百万两银的盈余。到雍正的时候，已经有六千万两的余银。作战所需要的经济基础已经具备，再加上准噶尔部落陆续有人马归降，征讨的时候可以利用这些人，他们熟悉地形，了解准部的作战风格，天时地利人和都不缺。

用兵准噶尔这件事，乾隆没有让汉族大臣参与讨论，即便是满族大臣绝大多数都不同意，只有大学士傅恒一人赞同用兵。傅恒跟乾隆的关系非同一般，是乾隆皇后的弟弟。

雍正九年（1731年）清军惨败，让这些人仍然畏惧，不愿深入敌境。这些人的意见丝毫不能左右乾隆的想法，对乾隆来说，进攻准噶尔是千载难逢的机会。

乾隆十九年（1754年）六月，陕甘总督永常提出“裹粮剿匪”的建议，让清军带足六个月的粮食，保证剿匪成功。这本来是一个不错的建议，却受到了乾隆的批评。乾隆说，以前岳钟琪就是这么办的，这是绿旗（汉军）遗留下来的陋习，本来就不是一个好办法。况且这次情况跟以前不同，现在准噶尔内乱，人心不一，我们趁机攻取应当用轻骑打败他们，如果携带数百万斤的粮食，连照看粮食的精力都不够，怎么可能攻取敌人。和蒙古交战，应当利用蒙古人的机动战术，士兵只能随身携带少量的干粮，主要的粮食从敌人那里获取。

乾隆的看法表面上有道理，但他没有考虑到从敌人那里获取粮食是无法保证的，军队又必须要粮草，以无法保证的东西作为行军的支持显然有很大的风险。

乾隆计划在二十年（1755年）秋向伊犁进军。这时，阿睦尔撒纳建议：“秋季，我军固然马肥，敌军也是如此。不如就在春天进攻，趁他们没准备好，一战擒获，不留遗患。”玛姆特也赞同这个意见，乾隆觉得有道理，便采纳了他们的建议，决定两路大军在二月出发。

讨伐准噶尔

乾隆十九年（1754年）五月，乾隆命令军机大臣开始准备。十二月，五万大军已经集结，整装待发。班第为定北将军，阿睦尔撒纳为副将军，从乌里雅苏台出发，途经阿尔泰山，与西路军会师伊犁。

乾隆二十年（1755年）二月十二日，阿睦尔撒纳率领六千哨兵，从乌里雅苏台出发。八天后，班第率领三千察哈尔士兵出发。二十五日，前准噶尔将军萨喇尔率领六千哨兵从巴里坤出发，三月八日，永常率领大军出发。阿睦尔撒纳和萨喇尔都是准噶尔部落里的大人物，乾隆故意让他们做先锋，用意深远，想利用他们的号召力让更多的准噶尔人归降。之前，就有人奏请派出更多的清军，乾隆不同意，坚持要“以夷制夷”。

班第和阿睦尔撒纳在西喇托辉会合后，继续向额米尔进军。四月中旬，两路清军都到达博罗塔拉河地区。班第侦察到达瓦齐前往察卜齐雅，不等两路军会合，便率领轻骑追赶。二十七日，达瓦齐退到格登山。班第和阿睦尔撒纳、萨喇尔商议，决定两路大军同时进攻。清军还没有到达伊犁，许多准噶尔部队望风而降。清军就这样兵不血刃地占领了伊犁。

五月，阿睦尔撒纳和萨喇尔率领清军渡过伊犁河，向格登山进发。达瓦齐率领上万人，背靠山崖，摆出决一死战的架势。可惜，此时达瓦齐早已人心尽失，军容不整，马匹疲惫，指挥起来非常吃力。

五月十四日，清军抵达格登山。当天晚上，阿睦尔撒纳派遣勇士阿玉锡率领二十二名士兵去偷袭敌营。阿玉锡直扑达瓦齐大营，准噶尔部队突然遭袭，惊慌失措，纷纷逃窜。达瓦齐梦中惊醒，不知虚实，率领两千人一路狂奔。只这一晚，就有四千多人投降。

达瓦齐翻越天山一路南逃，清军一面追击，一面对沿途的人民发出檄文，要他们协助捉拿达瓦齐。达瓦齐逃到乌什后，只剩下一百名骑兵。乌什维吾尔族的首领霍集斯是达瓦齐的好友。对霍集斯来说，朋友是可以出卖的，清廷是万万不能得罪的。他假装好酒好肉招待达瓦齐，等把达瓦齐灌醉后，便命人将他绑起来，献给清军。

至此，准噶尔之乱平定。

胜利后，乾隆召回远征军，留下五百士兵镇守伊犁。阿睦尔撒纳由于作战勇敢，被封为亲王，享受双倍俸禄，又称为“双亲王”。班第、萨喇尔封为一等公，永常因为筹办军需时没有遵从圣旨，故没有封赏。达瓦齐被押送北京后，乾隆不仅没有处罚他，反而封他为亲王，给予优厚的待遇。

风波再起

准噶尔是非常好战、非常有活力的一个部落，也是一个永远无法消停的部落。

乾隆很清楚，准噶尔一旦强大而统一，对清廷就是一个巨大的威胁。所以，对乾隆来说，治理准噶尔最好的办法莫过于分而治之。

乾隆二十一年（1756年）正月，乾隆封车凌为杜尔伯特汗，阿睦尔撒纳为辉特汗，班珠尔为和硕特汗，噶尔臧多尔济为绰罗斯汗。四个汗的地位是平等的，仿效喀尔喀部落设盟旗，盟旗由四汗共同掌管。换句话说，乾隆想要四汗互相制约，不使一方坐大。

应该说，乾隆是很有先见之明的，他早已看出阿睦尔撒纳不是等闲之辈，给他双倍工资他还不满意。阿睦尔撒纳从来就没有真心归附清廷，他只不过是想借助清廷的力量消灭自己的敌人。达瓦齐被灭之后，阿睦尔撒纳的野心逐渐显现了出来。

早在进攻达瓦齐的时候，阿睦尔撒纳的野心就有所显露。进军伊犁前，他奏请乾隆赏给他一个印文，以便招降辉特部。乾隆当时就感觉这个人想称霸一方。后来，到了塔本集赛，他居然停滞不前，在那里逗留了很多天，借口查办人口，暗中将自己的人马迁移到博罗塔拉，以便占有伊犁的牲畜财物。

由于阿睦尔撒纳在战场中表现很好，骄气也一天比一天重，他变得越来越专权独断，不断玩弄手段，制造舆论想当四台吉的领袖。阿睦尔撒纳扬言："我们跟喀尔喀不同，如果没有一个最高的领导，恐怕人心不齐，容易出乱子。"

阿睦尔撒纳非常希望乾隆能收回成命，立自己为四部总汗。乾隆当然不会同意。

早在任命阿睦尔撒纳为先锋时，乾隆就对他不放心，让额驸色布腾巴尔珠尔做他的副将，以便监视他。如果阿睦尔撒纳有反叛的迹象，立刻收取他的将军印。乾隆二十年（1755年）六月二十八日，班第、萨喇尔、鄂容安联名上奏，认为阿睦尔撒纳不法之处甚多，可以确定他想将准噶尔据为己有。

乾隆得到这个消息后，让班第等人先发制人，趁阿睦尔撒纳不备，立即擒拿，就地正法。班第却以清兵很少为由，不敢贸然行动。

七月十日，阿睦尔撒纳启程前往热河行宫觐见乾隆。他心里打定主意，借此拖延时间，把家人转移走。根据俄国的史料记载，阿睦尔撒纳截获了乾隆给将军们的“书信”，内容无非是限制和监视阿睦尔撒纳。阿睦尔撒纳本想让乾隆同意他当准噶尔首领，看到这些信后他知道这个想法不可能实现，于是下定决心叛逃。

逃跑是不能走正路的，阿睦尔撒纳很懂得这个道理，于是绕道额尔齐斯，沿途抢掠。乾隆正在木兰秋狝的时候，忽然得知阿睦尔撒纳叛逃的消息。不久，乾隆又得知阿睦尔撒纳准备攻打伊犁，于是任永常为定西将军，锐意剿匪。

阿睦尔撒纳回到准噶尔后，极力煽动各个台吉叛乱。定北将军班第和参将大臣鄂容安率军从伊犁撤退时，被叛乱的厄鲁特部落围住截杀，班第拼死力战，最后自尽。鄂容安本是鄂尔泰的儿子，一介书生，当此情景也只好选择自杀，可惜他迟迟下不了手，只好闭上眼睛，让仆人动手。萨喇尔逃到崆吉斯河，最后还是被厄鲁特俘获。

一战定江山

乾隆二十一年（1756年）二月，乾隆在前往祭奠孔庙的途中，接到了一个天大的喜讯，阿睦尔撒纳被策凌擒获了。可惜，乾隆进入山东境内，才知道这竟然是个误报。其实，这只不过是阿睦尔撒纳的缓兵之计。空欢喜一场，乾隆很生气，下令将策凌和王保等人治罪，任命达勒当阿和哈大哈分兵擒拿阿睦尔撒纳。

这一年，喀尔喀的和托辉郡王青滚杂卜也发生了叛乱，哈大哈率领的北路军只好后撤。由此，清军后方的补给线被切断，前线清军的命运岌岌可危。喀尔喀大有“崩溃”之势。准噶尔全境已陷入混乱之中，许多台吉纷纷作乱。这些台吉中，最让乾隆憎恨的是厄鲁特部落，这个部落生性贪婪残暴，反复无常，忽叛忽降。乾隆要求清军不惜一切代价追杀此部，所谓不惜一切代价就是宁可错杀三千，不可放过一个。

结果，还没有叛逃迹象的和硕特汗沙克都尔曼济及其下属首先成了清军刀下之鬼。

沙克都尔曼济部下有七八千人，本来已经奉旨暂住西路军军营巴里坤，打算明年再迁回故地。没想到准噶尔和喀尔喀叛乱成风，乾隆已是草木皆兵，密示西路军大将雅尔哈善，如果发现沙克都尔曼济有可疑的地方，可以乘其不备，全部捕杀。

十二月十六日，这天大雪纷飞，气候寒冷。雅尔哈善不知道从哪里获知沙克都尔曼济跟已经叛乱的扎那噶尔布通气的消息，雅尔哈善认为，沙克都尔曼济叛乱的迹象已经很明显了。遂于当天晚上带兵来到沙克都尔曼济的牧场，后者对他进行了热情的接待，好酒好肉招待雅尔哈善等人。没想到，雅尔哈善吃饱喝足以后，半夜起来一刀把沙克都尔曼济解决了，还杀了他部落里四千人，余者全部俘虏。

乾隆认为雅尔哈善办得好，授予他内大臣头衔，并封他为一等伯。但是根据礼亲王昭梿的记载，事情真相却不是这样的，雅尔哈善之所以捕杀沙克都尔曼济，一方面是为了邀功，另一方面也是因为缺饷，立功后可以向乾隆伸手要钱。据昭梿记载，雅尔哈善回来后，祭奠祖庙时说了这样的话："李广因为杀降没有封侯，最后失道自刎，现在我的罪过比李广还要重，反被封为一等伯，连祖宗都不吃我的贡品！"

后来，雅尔哈善果然因为贻误战机被乾隆杀了，正应了那句话，杀降不祥。

乾隆二十二年（1757 年）三月，乾隆任命亲王成衮扎布为定边将军，车布登扎布为左副将军，兆惠为右副将军。在出征前，乾隆下了一道非常阴险的命令，凡是厄鲁特投诚的人，立即将他们头领解送到京师，其他人等也要迁到内地。乾隆说，等我军到达了巴里坤，就可以对这些投降的人分别处理。所谓分别处理，无非就是杀掉成年男子，然后将女人和小孩赏给有功的官兵。

厄鲁特祸不单行，清军还没有来，他们就自相残杀，再加上瘟疫流行，死伤一大片。所以清军来了以后，厄鲁特没有进行有效的抵抗，清军很快就收复了伊犁等地。

随后，清军进击准噶尔，俘获了阿睦尔撒纳的侄子达什车凌。阿睦尔撒纳虽然当上了准噶尔的大台吉，但是面对清军的强大攻势，他显得不堪一击，连抵抗的意志都没有，策马奔腾，带着二十人仓皇逃向哈萨克。清军深入哈萨克境内，搜捕祸首阿睦尔撒纳。阿睦尔撒纳迅速从一个叛徒首领沦为逃犯，地位一落千丈。他本以为自己在哈萨克可以混得开，没想到哈萨克大汗阿布赉表面上欢迎他，说希望咱哥俩明天好好喝一顿，暗地里让人把阿睦尔撒纳的马匹放走，准备擒拿他。幸好，阿睦尔撒纳警觉，及时带着家人逃走。

阿睦尔撒纳一路逃到俄国，请求加入俄国国籍，享受政治保护待遇。接着就是一连串的外交纠纷，乾隆引用《尼布楚条约》《恰克图条约》，要求俄方归还犯人。就在两国关系骤然紧张之时，忽然传来阿睦尔撒纳病逝的消息。

乾隆派喀尔喀亲王桑斋多尔济去恰克图验尸，要求他把阿睦尔撒纳的尸体运回来。桑斋多尔济派人到恰克图验尸，发现阿睦尔撒纳的尸体保存完好，确认就是他。但是俄国拒绝归还他的尸体，乾隆认为，既然已验明尸体，不运回也罢。

乾隆二十三年（1758 年）正月，乾隆正式宣布准噶尔内乱已平定。如果我们给乾隆的这两次武功打分，我觉得应该有八分，及格了。平定准噶尔，完成了国家的统一大业，奠定了中国辽阔的版图，这本是史无前例的好事，为什么只打八分，而不是十分呢？因为在这次征讨过程中，杀了太多的人，其中有很多是无辜的人民，也有一些是已经投降的人。

厄鲁特部落在强盛时有六十万的人口，经过准噶尔之战，病死的人有十分之三，逃入俄国和哈萨克的有十分之一，被清军杀死的有十分之五，最后剩下的不到十分之一。

一统回疆

准噶尔的叛乱刚刚平定，回部又发生了内乱。乾隆又有的忙了。

回部与准噶尔邻近，长期受其奴役，准噶尔为了控制回部，将回部首领都弄到伊犁做人质。马罕木特是回部一个深得人心的首领，噶尔丹策零为了控制回部，将他软禁在伊犁。马罕木特死后，他的两个儿子大小和卓兄弟也被噶尔丹策零圈禁起来。

准噶尔对回部的欺压是非常没有人性的，回部种植的东西，不论谷麦还是蔬菜，到了收割的季节，先一分为二，一半归准噶尔，一半归回部，然后再从回民的另一半里征收十分之一。准噶尔派到回部的头目，所到之处，一定要用酒肉和妇女好好款待。

清军将回部民众从准噶尔的奴役中解救出来，长期受囚禁的大小和卓兄弟也获得了自由。乾隆对这两兄弟深表同情，想借助他们的威望和宗教影响力来安定回部民众，命大和卓管理叶尔羌回部，小和卓管理伊犁回教。

可惜，小和卓不但不知感恩图报，反而得寸进尺，想摆脱清廷，自立为王。小和卓不仅想自己单干，还怂恿大和卓跟自己一起摆脱清廷。乾隆二十二年（1757 年），乾隆拿出少有的好脾气，派使者去招抚这对反骨兄弟，然而这兄弟俩是铁了心要反，居然把乾隆的使者杀了。

乾隆气得吹胡子瞪眼，怒道："决不能任由使臣被杀，一定要为他们报仇。"

乾隆任命雅尔哈善为靖逆将军，征讨大小和卓。说实话，乾隆实在低估了回部的力量。乾隆心想，不可一世的准噶尔都被我制服，昔日准噶尔的奴才居然敢跟我叫板，这不是找死也是找抽。雅尔哈善原本是文官出身，因为屠杀沙克都尔曼济受到乾隆赏识，其实乾隆也清楚，这个人并不擅长用兵，但他武断地认为，对付回部这些乌合之众，像雅尔哈善这样的人已经足够了，如果用像阿桂、兆惠这样的一流将军，反而是杀鸡用牛刀。

雅尔哈善率领一万八旗兵和绿营兵，一路打到回部北方重镇库车城下，将城池包围。然后，雅尔哈善做出诸葛亮羽扇纶巾的样子，整天和人下棋，也不出击，坐等大小和卓自动投诚。部将阿奇木建议他应尽快出击，因为敌人有两条路可以逃遁，但雅尔哈善根本不理睬，自信和卓两兄弟一定会送上门来。

终于有一天，雅尔哈善无法再淡定了。士兵听到城中有驼铃之声，告诉雅尔哈善，敌人可能正准备逃走。雅尔哈善仍然不相信，但是心里已经在打鼓，没法像以前那样羽扇纶巾悠闲下棋了。

两和卓在夜晚时分，从西门潜走，沿着北山口逃之夭夭。把守西门的顺德纳听到士兵报告认为夜晚不适合发兵，到了第二天白天才派兵去追。刻舟求剑的故事我们都知道，如果这时能追到敌人那就怪了。事后，雅尔哈善把责任全都推到顺德纳身上。乾隆将顺德纳革职，同时责备雅尔哈善也有责任，让他尽快攻下库车城，并追击大小和卓。

库车城依山而建，城坚墙厚，易守难攻。提督马得胜带着绿营兵挖地道，可惜过于急躁，被敌人发现，结果用干柴堵住地道，将六百多清军活活烧死。雅尔哈善再次把责任全部推给下属马得胜。写到这里，我们可以看到雅尔哈善是一个推卸责任的能手，一有问题就让别人来扛。乾隆让这样的人做主帅实属用人失当。

库车之战从五月打到八月，没有半点成效。雅尔哈善再次上奏弹劾他人，把战事进展不顺的责任全都往别人身上推。收到雅尔哈善的奏章，乾隆终于发作，痛斥雅尔哈善作为主帅，不但没有引咎自责，反而往别人身上泼脏水，完全没有主帅的样子。随后，乾隆让兆惠去军中，将雅尔哈善押到京城，最后雅尔哈善在京城被正法，正应了当初杀降不祥的预言。

兆惠再次担任主帅，可惜兆惠还没到库车，回人就已经放弃了库车城，退到萨克苏，等待他们的是一座空城。兆惠又挺军到萨克苏，回部许多小头目纷纷请降。听到回部许多部落受抚的消息，乾隆以为征讨回部将要马到功成，不需继续派遣援兵。兆惠带领四千兵士进攻萨克苏，没想到后面援兵中断，很快陷入了困境。

兆惠在黑水营被数倍于己方的回兵围困三个月，与回军五次激战，双方都伤亡惨重，兆惠也几欲丧命。乾隆得知前方战况，紧急调拨援兵，终于，清军两路夹击，击败了大小和卓。

乾隆二十四年（1759 年）六月，兆惠和福德率领大军对大小和卓的大本营叶尔羌和喀什噶尔进剿。黑水营大败之后，大小和卓已经失去了作战的信心。而此时回部的人民早已对他们的统治不满，不想跟着他们一起沉沦。大小和卓于是胁迫几千回人跟自己一起逃亡。在逃亡途中受到清军无情的追击，大小和卓在逃亡的途中被巴达克山汗素勒坦沙擒获。素勒坦沙割下两人首级献给清廷，至此回部叛乱平定。

如果给乾隆这次武功评分，只能给五分。小小的回部居然耗时两年才搞定，跟乾隆用人失误有很大关系。后来任命兆惠是对的，但中途停止增援又犯了大错，差点导致兆惠全军覆没。之所以给五分，是因为乾隆虽然犯了一系列错误，但毕竟知错能改。

艰难搞定缅甸

从元朝开始，缅甸就是中国的附属国。忽必烈曾经三次讨伐缅甸，迫使缅甸称臣纳贡。明朝建立后，朱元璋在缅甸设立宣慰使司，确立了缅甸作为中国藩属国的地位。万历年间，缅甸见中国由盛转衰，开始肆意掠夺边境，明朝出征讨伐。明末清初，中原动荡，缅甸伺机吞并中国洞吾、古剌、木疏、木邦等部族。

清朝建立后，中国和缅甸的关系并不密切，直到乾隆十六年，才确立了朝贡关系。可惜，好景不长，缅甸发生内乱，新国王不仅拒绝向中国纳贡称臣，还时常劫掠云南普洱一带。

乾隆三十年（1765 年），缅甸军队像黄蜂一样来到云南九龙江，疯狂扫荡财物牲畜。云贵总督刘藻派兵作战，可惜指挥不当，加上军队疏于战事，吃了败仗。刘藻因此被革职，乾隆还骂得他抬不起头来，自尊心很强的刘藻最后自杀谢罪。

乾隆三十一年（1766 年）正月，乾隆任命杨文乾的儿子杨佩之担任云贵总督。杨佩之赴任后，缅甸那边正在发生瘴疠，缅军陆续从云南撤退。杨佩之正好收复失地，其实别人人都走了，他只要派人过去踩在那片土地上就算收复。杨佩之似乎是一个运气非常好的人，尽管捡了大便宜，在乾隆眼里也是立功。

乾隆大大夸奖了他一番，杨佩之膨胀起来，以至于认为缅甸这个弹丸小国打起来一定很容易，干脆主动出击，将他们国王抓起来，这可是盖世功劳啊！当然，杨佩之也考虑到刘藻的前车之鉴，担心军事失利后晚节不保，毕竟杨佩之当时已经七十岁。但是杨佩之身边的幕僚和将士们比杨佩之更激动，他们特别想立功，极力怂恿杨佩之，他们说自从杨公来了之后，许多土司纷纷归附，缅甸人不过是一群乌合之众，杨公一发威，这些人还不抱头鼠窜。

经过“深思熟虑”之后，杨佩之上疏乾隆，请求发兵出征缅甸。乾隆认为杨佩之老成持重，做事一定是胸有成竹的，便回复说：“公办事，朕放心。”但也建议他，凡事慢慢来，不可操之过急。

杨佩之的部将们摩拳擦掌已久，跃跃欲试，纷纷想立功，领一笔丰厚的奖金，下辈子就不用愁了，或是拿个世职，子孙后代就有了铁饭碗。心思不可谓不好，可惜急功近利往往坏事。

乾隆并没有明确批准杨佩之出征缅甸，但是大家看到乾隆的谕旨，以为是让杨佩之便宜行事。许多将领急不可耐地孤军深入敌境，结果大家发现缅甸并不是软柿子，清军作战接连失利。杨佩之非常惊恐，他怕乾隆降罪，竟然谎报大捷。

杨佩之可能忘了清朝有密折制度，明朝皇帝好糊弄，清朝皇帝自从雍正以后就很难糊弄了。乾隆很快得知实情，将杨佩之革职，押送到京城，最后赐死。

乾隆三十二年（1767 年），乾隆任命大将明瑞为云贵总督。这次，乾隆明确告诉明瑞，主动征讨缅甸，“一定要挽回面子，什么都可以损失，面子一定不能损失”。乾隆是最爱面子的一个皇帝，明瑞的责任是为皇帝挽回面子，是的，一场因为面子而引发的侵略战争。缅甸人如果知道真实原因，一定叫苦连天，早知道这样，我们给你面子就得了，何必来真的。

明瑞是块打仗的料，他刚到缅甸，就一展犀利风采，接连打败缅甸军队。最后，一直打到缅甸首都阿瓦附近。也许是因为太犀利了，他似乎忽视了粮草问题，孤军深入后，补给不够，结果反被缅甸军队围了起来。另外一个将领额勒登额距离明瑞两百里，看到明瑞被包围，居然不去营救，因为他跟明瑞的关系不太好。

陷入绝境后，明瑞没有慌张，他带领少数人殿后，掩护大军突围。突围成功后，明瑞居然主动自尽。乾隆闻讯，非常震惊，立刻杀掉额勒登额等人，祭奠明瑞。

乾隆三十三年（1768 年），乾隆派大学士傅恒为征讨缅甸统帅，开始了第四次征缅之旅。傅恒到缅甸之后，虽然打了几场胜仗，但是不久士兵们染上瘴疠，死伤大半。傅恒本人也染病，卧床不起。这时，阿桂立了大功，为乾隆挽回面子。

他截断缅甸粮道，缅甸只好派人求和。乾隆也耗不起，对方求和其实也是给自己台阶下。双方达成协议：缅甸按时给清廷纳贡，清军归还攻占缅甸的领土。

就这样，历时四年，用兵几十万，耗银一千三百万两的缅甸之战结束。如果要给这次武功打分，最多是一分。这是一场典型的吃力不讨好的战争，不仅耗费巨资，还损伤了大量优秀的将士，国威受损，最后貌似缅甸臣服了，要定期纳贡，但估计纳贡的收入比起付出的代价可以忽略不计。所以只能给一分，这一分没其他的意义，就是挽回了点面子。对于一个大国来说，实际利益固然重要，但面子也不能不要。

弹压林爽文起义

林爽文起义发生在乾隆五十一年（1786 年）十一月。

林爽文原是福建省漳州府平和县人，乾隆三十八年（1773 年）跟随父亲移居到台湾。乾隆四十九年（1784 年）三月，林爽文加入天地会。由于他出色的组织能力，很快就成为天地会的领袖。林爽文是一个非常讲义气的大哥，在他的领导下，天地会日渐强大。

天地会的发展，引起了台湾官府的注意，随即官府展开搜捕。林爽文没有坐以待毙，他纠集了两百人，推举年长的刘升为盟主，揭竿起义。就这么两百人，居然一举攻破清军的大墩营地和彰化府，全歼大墩清军，杀了彰化知府、同知等官员。

消息传到京城，乾隆惊骇不已。当然，乾隆不是被叛军的气势震动，而是惊讶于这些“暴民”的胆子。在乾隆眼里，林爽文之流不过是一群乌合之众，可以轻松弹压下去。乾隆指示福建水师提督黄士简和台湾总兵柴大纪全力进剿，一个不留。

攻破彰化县之后，刘升无法服众，大家推举林爽文为盟主兼大元帅。林爽文等人显然不是乌合之众，他们甚至连年号都想好了——顺天，摆明了要跟乾隆争夺天子之位。

林爽文随后将义军一分为二，一路由王作带领，主攻淡水；一路由林爽文亲自带领，主攻诸罗。柴大纪派兵堵截，可惜挡不住义军。台湾岛的驻军都是从内地调拨，三年一换，所以这些人特别腐败，只有三年，大家当然要狠狠捞一把，正因为官兵极度腐败，所以纪律松弛，战斗力一再变弱。

不久，林爽文的好友庄大田变卖家产，也拉起反清大旗，自称洪号辅国大元帅。两路大军就像两条长龙，在台湾这个小岛上翻江倒海，台湾的官兵们一筹莫展。黄士简、任承恩等人登陆台湾岛后，兵分多路对义军进行追剿。没想到，官兵居然屡遭重创。三个月后，福建水陆两路提督黄士简和任承恩都被革职，乾隆重又派常青赴台征剿。

没想到起义军的声势越来越大，最后发展到十万人众，十万人将清军分割包围，打得清军招架不住。随后，除了府城还在官府手中，台湾全境都被义军占领。据说在城墙上看到下面黑压压的义军，常青吓得手脚发抖，泪水横流。常青请求增兵，不久又给和珅写密信，请他高抬贵手，想办法把自己调离台湾。

总兵柴大纪的表现还可以，他率领清军拼死抵抗，义军无法打败他，反而损失惨重。

看到台湾局势不断恶化，乾隆决定换主帅，这次他选择了年轻的福康安，让猛将海兰察协同福康安剿匪。乾隆选择年轻的福康安是需要眼光的。福康安果然不负所望，到了台湾后，对起义军分化瓦解，最终以优势兵力和过硬的指挥才能打得起义军节节败退。局势迅速扭转，林爽文再也撑不住了，义军崩溃之后，林爽文选择了逃亡。

乾隆五十三年（1788年）正月，林爽文被俘，享受清廷最高待遇的惩罚——凌迟处死，枭首示众。没多久，林爽文的好友庄大田也被福康安生擒，在台湾被处死。

林爽文起义就这么轰轰烈烈了一段时间，然后猝然落幕。对乾隆这次的武功我们真不好打分，首先林爽文起义带有反抗官府腐败特征，另一方面他又确实破坏了社会的稳定，他一门心思想当皇帝，也看不出是社会的进步。

出兵安南

明朝的时候，统治安南的是后黎王朝，明朝中后期开始腐朽时，后黎王朝也越来越腐败。乾隆三十年（1765年）以后，阮文岳、阮文惠和阮文吕三兄弟在西山崛起，这三兄弟本是地方上的豪强，但他们抓住机会，趁着后黎王朝腐败，国内政局混乱之际，推翻后黎王朝，统一安南。

乾隆五十二年（1787年），这三兄弟借口清君侧除掉权臣郑氏，攻入后黎王朝都城黎城。安南国王和大臣们纷纷逃亡，许多人跑到广西避难，请求中国政府出手援助。

本来这是别人的家事，但安南自古是中国的附属国，历来安南新君即位，都需要清政府批准，给他们一个文件，证明新政府是合法的。安南这次权力更迭，事先没有给乾隆打招呼，最为失策。

乾隆对大臣们说："安南臣服本朝，最为恭顺，现在被强臣篡夺，安南君臣向我们呼救，如果我们置之不理，就没法让那些臣服于我们的小国信服了。所以，我们应当纠集强势兵力，声讨阮氏逆贼。"

当时，朝中重臣阿桂表示反对，阿桂的意思是这是安南的家事，如果我们因此劳师动众就太不值得了。其实，阿桂没有说出口的话是，安南不管是谁执政，都会向中国朝贡的。

如果他们不肯臣服，再打也不迟。

乾隆五十三年（1788年）六月，乾隆让两广总督孙士毅召集军队调拨粮饷，准备大举进攻安南，驱逐阮氏政权。十月底，孙士毅带领万人军队，取道镇南关，进入安南境内。二十多天后，云南提督乌大经率军进入安南境内。

刚开始的时候，清军获得了一系列的胜利，这还得感谢清军庞大的宣传攻势。进入安南境内后，清军大量散发“讨阮扶黎”的传单，当地的兵民纷纷配合，支持清军。十一月十三日，清军渡过寿昌江，大败阮文惠的军队；四天后，渡过巿球江；六天后，渡过富良江。面对清军的强大攻势，阮文惠只好放弃黎城，向南逃去。十一月二十日，孙士毅率军进入黎城。孙士毅遵照乾隆旨意，册封黎维祁为国王。

乾隆对战事的结果很满意，封孙士毅为一等公，赏戴红宝石帽顶，将领许世亨封为一等子爵。在这种情况下，阮文惠向清廷求和，请求清廷给自己一个臣服朝贡的机会，但遭到拒绝。此时，清廷沉浸在一片欢乐的气氛中，然而，危机已经悄悄探出头，很快就蔓延了开来。

战术上的胜利并不能补救战略上的失败。远征安南，最大的一个弊病就是补给困难，后勤问题如果得不到解决，就很难继续讨伐阮文惠。当时清军的补给全靠内地供应，安南那边并不能提供多少粮草。攻占黎城后，清军的粮草很快就陷入了困境，沿途运粮的差夫虽然有四五万人，但补给线长达两千里，中途还有安南叛军的骚扰，清政府已经疲于应付了。

清军虽然占领了不少土地，却随时有可能失去这些地方。

黎维祁这个人也非常不争气，复位以后，他不是卧薪尝胆重新振作，反而仗着清廷撑腰，对政敌进行疯狂地报复，不惜代价铲除异己，从而让自己的人气跌到谷底。后黎王朝统治腐败，早已失去人心，安南正经历类似中国历史中的周期循环，一个新生的朝代取代腐败的王朝。乾隆出兵，打破了安南历史新陈代谢的过程，也给自己背上了一个沉重的政治包袱。为一个昏君出兵值不值得呢？乾隆不止一次问自己这个问题。

孙士毅待在黎城的日子里，由于粮草短缺，一再向安南人民施压催粮，结果引起了安南人民的反感，他们搞不懂这些人是来拯救自己还是欺负自己。安南人民不交，孙士毅就纵容手下抢掠。孙士毅这些措施无疑给自己抹上了非正义的色彩，结果让阮文惠捞到政治资本，导致越来越多的人支持阮文惠。

阮文惠在彬山称帝，招兵买马，准备大反攻。在反攻之前，狡猾的阮文惠假意向孙士毅投降。孙士毅未必相信，但他坚信阮文惠已是强弩之末，败亡只是迟早的事。

乾隆五十四年（1789 年）正月初二，就在清军欢度新春佳节之时，安南国王黎维祁也抱着幼子到清军大营来庆贺，黎维祁还带来了一个消息，说阮文惠会报复，随时准备反扑。说完，黎维祁请求孙士毅把自己父子送到中国境内。

孙士毅非常鄙视黎维祁，但还是很客气地把他送回中国境内。随后，孙士毅部署好防御计划。第二天，总兵张朝龙带领三千精兵和阮文惠激战，由于兵力悬殊，虽然清军战斗顽强，但张朝龙还是被打得找不着北。随后，大将许世亨前来支援张朝龙，双方再次激战，整个战斗只能用“惨烈”二字来形容，双方的伤亡都非常惨重。不久，驻扎在富良江南岸的总兵尚维昇和参将王宣也赶过来支援。

孙士毅坐守大营，四面都是请求他支援的呼声，而孙士毅手下不过一千五百人，应付不过来，居然带着几百人渡河逃走。逃走还不算，孙士毅担心阮文惠的追兵过来，居然把浮桥砍断。结果，许多激战中的清兵突围出来，来到浮桥边，发现浮桥断了，悲愤异常，只好再杀回黎城，导致伤亡惨重。这一仗，清朝阵亡和失踪的士兵达到五千人，提督许世亨，总兵张朝龙、李化龙，参将杨兴龙、王宣等人全部战死。

为了掩饰自己的失误，孙士毅说自己曾再三劝阻官兵们撤退，结果他们不听。乾隆远在北京，不知道真实情况，听信了孙士毅的辩解，只是将他调离两广总督的职位，剥夺之前对他的赏赐，让福康安接替他。

阮文惠重创清军，又击毙清廷的大将，自知捅了个大娄子，再加上刚建立新政权，人心不服。他也考虑如何取得清廷的谅解，于是几次派人去清廷请求臣服朝贡，让乾隆给他一个证件，成为安南名正言顺的新君。

此时，乾隆非常尴尬，早知今日何必当初，一早就扶持阮氏政权不就没事了。经过慎重的考虑，乾隆决定接受阮文惠的请求，毕竟黎氏政权已经是扶不起的阿斗。从一开始，出兵安南就是一个重大的战略失误。

乾隆虽然同意接受阮文惠的臣服，但示意福康安对阮文惠严厉一点，好让他真心悔罪。

乾隆五十四年（1789年）正月二十二日，阮文惠派使者到谅山，又担心清廷不准，便派使者先去镇南关试探。乾隆认为阮文惠很没有诚意，如果真心投诚，必须先将清军俘虏送还，并且将杀害清廷大员的人绑起来，送到福康安那里。

阮文惠立即照办，乾隆才松口，示意福康安和他接触。五月，阮文惠派侄子阮光显进京觐见，并表示一旦国内稳定，一定亲自过来朝觐。乾隆不满，认为阮文惠不亲自来朝觐，不够礼貌，所献贡物不便接受，乾隆要求阮文惠在明年八月进京朝觐，也就是乾隆八十大寿的时候。六月，福康安再次呈递阮文惠的两道表文，乾隆看他的话说得非常恭敬，这才决定封阮文惠为安南国王。

安南国王虽然后来也定期朝贡，但对乾隆这次武功只能打零分，因为这是一场可有可无的战争。乾隆没必要干涉安南内政，阮文惠一再请求向清廷称臣，乾隆为了逞能，悍然发动了这场劳民伤财破坏两国人民友谊的战争。

反击廓尔喀

廓尔喀也就是今天的尼泊尔，廓尔喀和西藏毗连。

在十三世纪，尼泊尔分裂成许多部落，廓尔喀就是其中之一。后来，廓尔喀部落首领博赤纳剌征服其他部落，统一了尼泊尔，迁都加德满都。乾隆三十八年（1773 年），英国东印度公司派兵击败了尼泊尔的邻国不丹，廓尔喀危机感加重，于是派人到西藏，让六世班禅致书东印度公司调和。

六世班禅帮助廓尔喀，但廓尔喀不知好歹，反而打起了西藏的主意。

西藏地广人稀，有许多财宝（大多是清朝皇帝赏赐的），廓尔喀觊觎已久。在他们看来，西藏军事力量薄弱，是个理想的猎物。这个想法是可以理解的，清廷当时在西藏的驻兵只有五百。在出兵之前，廓尔喀指责西藏卖给他们的食盐中掺有沙子，这个可能是事实。食盐是官家垄断行业，为了追求暴利，官员们有什么干不出来的？

藏民反击说廓尔喀银币里也掺了假，双方展开了骂战。

廓尔喀人骂不过，直接抄起武器，往西藏挺进。俗话说君子动口不动手，廓尔喀人显然不是什么君子，他们以突然袭击的方式占领了西藏聂拉木等地。驻藏大臣庆麟得知这个消息，极为震惊，震惊过后，赶快向京城报警。报完警后，庆麟就等着清廷的援兵。

乾隆对此高度重视，调遣四川提督和成都将军率兵进剿，同时还派理藩院侍郎巴忠前往西藏。就在清廷大张旗鼓谋划征讨廓尔喀的时候，西藏地方政府却私下里和廓尔喀达成协议，答应每年给廓尔喀三百个元宝。听到元宝，廓尔喀动心了，答应归还占领的地方。就这样，见钱眼开的廓尔喀军队从西藏撤走了。

钦差大臣巴忠来到后，发现情况突然变成了这样，大家都很尴尬，扑空了怎么办呢？如果向乾隆如实汇报，岂不是要无功而返。所以，巴忠私下里和西藏地方政府达成协议，共同蒙骗乾隆，说是清军击败了廓尔喀军队，还说廓尔喀国王已经臣服，要向清廷进贡，并请求乾隆授予他王爵。

这样的弥天大谎都敢编，不得不佩服巴忠的胆量，他胆子大到都不考虑圆谎的问题。

西藏地方政府虽然用私了的方式让廓尔喀撤军，但也埋下了隐患，每年三百个元宝，对于经济拮据的西藏政府来说是一笔沉重的负担。结果，这成为廓尔喀第二次入侵西藏的理由。

乾隆五十六年（1791 年）六月，廓尔喀照例向西藏索要三百个元宝。西藏地方政府说：缓一缓吧，我们暂时拿不出这么多钱。廓尔喀军队的荷尔蒙正处于过度分泌的状态，你说缓一缓，不仅他们的荷尔蒙不同意，连理智都不同意。廓尔喀国王说：要我，是要付出代价的。

这次入侵比上次规模更大，廓尔喀占领了班禅额尔德尼的驻地日喀则。驻藏大臣认为保命要紧，带着班禅逃到前藏。他们这一逃，廓尔喀军队大肆洗劫日喀则，将乾隆赏赐给六世班禅的财物一洗而空。

乾隆很生气，让四川总督阿辉和成都将军成德出兵讨伐。可惜这两人是庸才，久战无功。乾隆只好再让王牌元帅、两广总督福康安出马，同时让猛将海兰察辅助福康安。

福康安身份尊贵，但是一点都不娇贵，一路跋山涉水，不畏艰险翻越喜马拉雅山。到达拉萨后，福康安稍作休息，便领兵赶往后藏，在冰天雪地之中和廓尔喀展开激战。廓尔喀在名帅福康安和名将海兰察面前，变成了一群不堪一击的乌合之众。乾隆五十七年（1792 年）五月，福康安收复了所有失地。接着，福康安乘胜追击，进入尼泊尔境内，打到尼泊尔的都城加德满都下。廓尔喀国王低声下气，请求福康安撤军，说以后不敢造次了。

福康安要求廓尔喀归还从西藏抢走的财物，并释放所有的人质，向清廷臣服，每五年朝贡一次。这是乾隆十全武功中最后一次，这次战争确实打得还不赖，但如果不是有福康安这样的统帅，战争不会这么顺利。可以给这次武功打八分，不过这次武功更多的是福康安的武功，乾隆作为最高领导者，成功的地方在于用人正确。

乾隆“十全武功”累计用兵五十万、耗资一亿五千两白银。虽然“十全武功”有很多让人诟病的地方，但还是奠定了中国辽阔的版图，在乾隆全盛时期，中国版图达到一千三百多万平方公里。

第七章 乾隆反贪“风暴”

更绝的是甘肃省冒赈的事情爆发，乾隆让李侍尧和阿桂查办此案，用贪官来反贪，乾隆可谓深谙以毒攻毒之道。李侍尧本身是一个贪官，对于贪官的伎俩可以说是了如指掌，很快就把这个案子办得干净利索，深得乾隆欣赏。正应了那句古老的哲理："使功不如使过。"

宦海惊魂——大贪官李侍尧逍遥法外之谜

李侍尧案发，和珅审理

乾隆四十五年（1780年），清廷发生了一起怪诞的贪污案。这个案子怪就怪在高官李侍尧被人揭发后，经过审理，犯罪证据确凿。刑部三次议定死刑，最终李侍尧却逍遥法外，不仅没有受到惩罚，反而官越做越大。更奇的是，那些揭发李侍尧的人没有一个有好下场，有的被处死，有的被流放。这个案子背后到底藏着什么玄机呢?

如果说乾隆纵容贪腐、惩贪不严，那不是事实。晚清洋务派学者薛福成评价乾隆是个英明的皇帝，惩贪也非常严，但是越惩治贪污之风越甚。薛福成总结的原因是当时有一种力量迫使人们不得不贪，并不是因为那时人们显得格外贪婪。这种力量，用我们现在的话来说就是官场潜规则。

这个李侍尧官职非常高，是云贵总督。李侍尧的家世也非常显赫，祖上是清初的开国功臣李永芳，他的父亲担任过户部尚书。一直以来，李侍尧都很受乾隆的赏识，他是一个办事能力很强的官员。李侍尧的贪心跟能力成正比，担任云贵总督期间他大量收取陋规，聚敛无度。

李侍尧是乾隆一手提拔起来的，先后担任户部尚书、两广总督、湖广总督和云贵总督等要职，乾隆三十八年（1773年）擢升为文华殿大学士兼军机大臣，位极人臣。乾隆经常夸奖李侍尧，说他办事能力在督抚中最为出色，并将他和阿桂并称，认为这两人是国家的栋梁支柱。

李侍尧在担任总督期间，虽然受贿不少，但无人敢告发他，可见其“御下有方”。

然而，在乾隆四十四年（1779年）年底，李侍尧被人捅了出来。绝的是并不是有人故意要告他，只不过是在闲聊时无意提到。透露出这个秘密的是一个叫海宁的官员，他在跟军机处的朋友聊天时，随口谈到了李侍尧贪污索贿之事。

海宁曾经当了一年的云南粮储道，对上司李侍尧的所作所为了如指掌，海宁本人也送过李侍尧两百两黄金作寿礼。海宁并不愿给李侍尧送礼，只是云南的官员都送礼，如果偏偏自己不送，李侍尧会认为这是有心跟自己作对。

当然，海宁所以提到这事，并不是心痛那两百两黄金，也不是要报复李侍尧，他只是聊天时随口说出。然而，说者无心，听者有意。军机大臣和珅知道此事后，找到海宁，详细询问李侍尧贪污之事。海宁知道自己闯了祸，他根本不敢得罪李侍尧，更不敢得罪和珅，没有办法，只好得罪自己，海宁承认自己曾给李侍尧送过两百两黄金，此外一概不知道。

和珅为什么对李侍尧贪污之事这么关心呢？因为和珅跟李侍尧的矛盾很深。本来，一个是封疆大吏，一个是朝中高官，隔那么远，不至于有太多矛盾啊！可惜，世上的事情往往没有这么简单。李侍尧出身显赫，身为封疆大吏又位高权重，所以很看不起出身一般依靠拍马屁在乾隆面前走红的和珅，经常不给和珅面子。譬如，朝鲜使臣就曾说过：“李侍尧年老位高，平时把和珅当儿子一样使唤。”

和珅是一个记恨之人，早已对李侍尧恨得咬牙切齿。逮到这个好机会，他能放过吗？

和珅不仅是想报复李侍尧，他也想借着惩治李侍尧上位。当时和珅虽然受宠，毕竟只是一颗政治新星，官职不过是侍郎，在军机处也不是能拍板的人。

心动不如行动，和珅找到乾隆，将李侍尧贪污的事情和盘托出。得知此事，乾隆有些意外，他没想到自己如此信任的人居然会干出这种事情。乾隆亲自找到海宁问话，海宁是个圆滑的人，他避重就轻，说李侍尧办事非常认真。乾隆打断他："李侍尧有没有贪污？"海宁只好回答说："李侍尧对下属要求很严，关于他贪污的流言不是没有，但是微臣真的没有见到任何真凭实据。"

看海宁说话模棱两可，乾隆很生气，让军机大臣福隆安严审此案。在刑法的威逼之下，海宁终于说出了实话，将李侍尧的贪污行径如实说出。根据海宁的说法，李侍尧人概贪了两万六千两白银。

李侍尧认罪

看到海宁的供状后，乾隆任命和珅为钦差大臣，前往贵州调查李侍尧。在和珅离开京城之前，乾隆下了密旨，让人先将李侍尧暗中监视起来。

李侍尧待在云南，乾隆为什么让和珅去贵州呢？其实这是乾隆声东击西的策略，防止李侍尧起疑心。

和珅到达昆明后，先对李侍尧的心腹家奴张永受、连国雄等人进行隔离审查，这些家奴的财产远远超过一个家奴应当拥有的家产。和珅询问他们这些钱财是从哪儿来的，他们都无法提供一个令人信服的解释。在和珅的严刑逼供下，他们只好老实交代，这些财产是李侍尧贪污所得，经过他们办理分得的一部分。

家奴们的供词成为李侍尧犯罪的有力证据。接下来，和珅根据海宁的名单，开始审讯向李侍尧行贿的官员。在和珅的威逼之下，这些官员纷纷交代了行贿的情节。原来李侍尧借着为朝廷办理贡品的名义，经常向下属伸手要钱，下属们不敢得罪李侍尧，只能掏钱。

当和珅获得足够的证据后，便正式向李侍尧开刀。李侍尧还想抵赖，但是在强大的人证和物证面前，李侍尧不得不低头认罪。于是，他供认了下面的受贿事实：迤南道庄肇奎送银两千两，鲁甸通判素尔方阿送银三千两，按察使汪圻送银五千两，临川知府德起送银两千两，东川知府张珑送银四千两……

根据李侍尧的交代，他总共收受白银三万一千两，当然实际数目肯定比这个大得多。

李侍尧认罪后不久，湖南巡抚李湖给乾隆上了一道密折，说自己的下属在湖南捉到了李侍尧的家奴张曜等人。根据张曜的供认，他去年被李侍尧从云南派到北京，帮李侍尧从北京家中送回白银五千二百两、玉器十件，此外，张永受也带回了七千两白银。得到这个线索，乾隆立即派户部尚书英廉审讯李侍尧的管家，最后证明实有其事。

英廉顺着线索追查，发现张永受拥有房产六处、地亩一处，放债四千两；张永受的母亲有住房三十多间，田地四五顷。一个家奴家产就如此之多，至于主人李侍尧贪污多少则可想而知。

调查李侍尧，对乾隆来说绝对不是一件快乐的事情，不仅因为李侍尧是乾隆的“脊梁”，更因为李侍尧在进贡的时候精益求精。无论如何，李侍尧是一个对主子非常忠心的奴才，贪污也许是事实，但这不改变他的“恋主”之心。

和珅固然把这个案子办得相当漂亮，但未必符合乾隆的心意。案子水落石出后，乾隆下令将李侍尧押到京城。李侍尧落到和珅手里，论理是没有活路的，根据雍正修订的法律，贪污超过一千两就是死刑，而李侍尧自己供认的就已经有三万一千两。

乾隆怜惜李侍尧可能有这样一个原因：李侍尧在进贡方面特别卖力，如果李侍尧不受贿，哪有那么多钱给自己整这么多宝物。乾隆在初期律已甚严，但到了后来，乾隆喜好奢靡的本性开始暴露，乾隆虽然不能约束自己的喜好，但他是个聪明人，知道这个案子查到最后，总归会回到进贡的问题上，到时候落马的就不只李侍尧，自己也会留下骂名。

一审死缓

高官李侍尧落马，和珅心里那个滋味真就一个“美”字可形容。

乾隆下旨痛斥李侍尧和那些行贿的官员，并下令将李侍尧革职查问，其他行贿人等全部革职，具体如何量刑由刑部和和珅等人拟定。此外，乾隆还下旨将云南巡抚孙士毅革职，发配伊犁，理由是隐匿不报。其实，孙士毅并没有向李侍尧行贿。如果让孙士毅告发李侍尧，在当时的情况下不太可能。

当时督抚大员对辖区的权力之大甚至超过了皇帝，因为全国那么多官员，主要靠督抚来管理。督抚有权推荐和弹劾官员，所以让一个下属去弹劾督抚，那是强人所难。

不过，孙士毅跟和珅的关系较好，和珅替他说情后，免予发配伊犁，最后留在京城编纂《四库全书》。

揭发李侍尧的海宁非但没有得到奖赏，反因为最初不肯交代事实，犯了欺君之罪，被交到刑部议罪。

和珅很希望给李侍尧拟个斩立决，但和珅毕竟是一个相当精明的人。在乾隆身边，无人比和珅更会揣摩圣意。和珅从乾隆的态度看出他对李侍尧多有怜惜之意，好像很不情愿将李侍尧治罪。和珅清楚，李侍尧是乾隆的股肱之臣，自己如果想把李侍尧置于死地，乾隆这么精明的人估计会看破自己的真实想法，到时候也会影响自己的前途。

和珅经过反复考虑，跟刑部侍郎喀宁阿拟了个“斩监候”的刑罚，换句话说就是死缓。狡猾的和珅很明白，这样的量刑对于李侍尧的罪行来说不算重，从而可以掩盖自己报复李侍尧的动机，但是也不会影响李侍尧最后的结局。一般来说，判为斩监候的只不过是多活一段时间，最后也难逃一死。

判决那些向李侍尧行贿的官员倒是容易一些，素尔方阿被判斩监候，秋后处决，家产抄没；汪圻和庄肇奎被发配到伊犁，永不许归，家产入官；张珑、方洛、杨奋被发配到乌鲁木齐，家产入官；德起因为病故，免受追究，不过家产也被抄。

在办理李侍尧案子时，和珅充分展现了自己过人的才干，仅仅用两个月时间就圆满完成任务。

二审斩立决

被判斩监候后，李侍尧觉得自己迟早一死，只想这一天快点结束，免得承受更多的折磨。他不知道的是乾隆并不想他死，乾隆很想出手救他。当乾隆看到和珅奏折上针对李侍尧的量刑时，非常担心李侍尧会被处死。

作为一个皇帝，他是帝国权力最大的人，但即便如此，他也不能将大清法律视同儿戏。要救李侍尧，也必须钻法律的空子，不能给人独断专行的感觉。

李侍尧作为朝中重臣，他的案子本应由刑部、都察院和大理寺三家共同会审。现在却只有刑部一个部门审理，乾隆心想，让三家共同会审是不是可以救李侍尧一命呢？但乾隆也担心三家会审会让李侍尧死得更快，除非自己事先打招呼，但提前给三个部门打招呼，君威何在呢？

乾隆于是想起了另一种办法——大学士九卿会议。这个会议是清廷最高的审议机关，成员由九个部门的高级长官组成，由于人员复杂，人心不一，这个会议经常流于形式。很多与会人员对于讨论的事情并不关心，很多人甚至以种种理由为借口不来开会。乾隆觉得这个会议应该不像三司那样要求严格，估计不会判李侍尧死罪，一旦这个会议轻判，自己就有机会救李侍尧了。

然而，让乾隆失望的是，这个会议居然比刑部判刑更严厉：斩立决。

会议代表显然对李侍尧的事情非常感兴趣，大家都没有流于形式，而是积极发表意见。大家援引《大清律例》，觉得判处李侍尧斩监候太轻了。许多大学士援引乾隆五年（1740 年）九门提督鄂善受贿一千两银子被判死刑的案例，说李侍尧的犯罪情节比鄂善要严重得多，理应斩立决。此外，还有以前的云贵总督恒文和原任贵州巡抚良卿等人，也是在任内贪污，而且贪得还没有李侍尧多，最后两人也是被立即执行死刑。

代表们的话是合情合理的，可惜他们没有揣测到乾隆的真实意思。这条路堵死了，还会有其他的路吗？

三审网开一面

二审的结果无疑把李侍尧推上了绝路，但是乾隆仍不想就此放弃，他想出了一个绝招——让地方督抚发表意见定夺。这个想法真绝，亏乾隆想得出来，地方督抚和李侍尧处于相同的立场，自然会帮李侍尧说话。

乾隆怎么会想到这个绝妙的点子呢？当时乾隆还在南巡的途中，皱眉看和珅的奏折时，正接见前来接驾的富勒浑。乾隆就把自己心头的困惑告诉了富勒浑。富勒浑提出了自己的看法，他认为李侍尧担任封疆大吏，做事认真负责，时刻将国事放在心上，是一个不可多得的人才，固然晚节不保，但一生劳苦功高，应该免他一死，这样日后定会感激圣恩，加倍为国效力。

乾隆当时没有对富勒浑的话表态，不过这番话深深地打动了他。事后，他想到了富勒浑的话，觉得既然走正常路线救不了李侍尧，不妨让督抚们来讨论。只要有一个督抚反对斩立决，自己就有出手救李侍尧的理由。

乾隆下旨让地方督抚们对李侍尧的事情发表意见，在谕旨中，乾隆还循循善诱地说李侍尧才干出众，为自己分了不少忧，但辜负了皇恩，希望督抚们以李侍尧为戒。这番话冠冕堂皇，实际却是暗示督抚们反对斩立决。但是，乾隆的意思特别委婉，若非极会揣摩圣意的人估计很难猜出。

乾隆的谕旨发出来以后，督抚们都没猜到他的真实意思，甚至连富勒浑这次也错误地领会了乾隆的意思，大家都主张将李侍尧斩立决。这是非常奇怪的一件事，但也是可以理解的，督抚们如果为李侍尧说话，很容易给人一种感觉，我这是在为同类辩护，会不会让皇帝以为我也有问题呢？那么富勒浑为什么也主张斩立决呢？这还得从上次他在乾隆面前说那番话讲起，当时他说话的时候，城府很深的乾隆没有任何表情，说完之后富勒浑胆战心惊，以为自己说错了话。这次乾隆再问话，他赶紧主张斩立决。

只有一个人猜到了乾隆的意思，这便是安徽巡抚闵鹗元。闵鹗元没有像其他人那样根据字面意思来理解，他拿到圣旨后，反复推敲，终于从蛛丝马迹中推测出乾隆的真实意图。

闵鹗元清楚，李侍尧的罪行证据确凿，经过两次会审后，乾隆迟迟不拍案，这时突然让督抚们讨论此事，一定是有原因。如果乾隆想处死李侍尧，完全没必要这么做。

闵鹗元非常圆滑，他首先肯定刑部和大学士九卿会议宣判得有道理，然后又说李侍尧劳苦功高，是国家的栋梁，虽然晚节失保，但根据律例“八议”中的“议勤”和“议能”两项可以对李侍尧法外施恩，免除死刑。闵鹗元用律法为李侍尧说情正中乾隆下怀，可以说闵鹗元的奏折为乾隆解了围。

有了这个突破口，乾隆可以施展手脚了。

不久，乾隆颁发了一道谕旨，说已经收集了各省督抚的题本，考虑到其中有人请求赦免李侍尧，所以暂时不对李侍尧作出判决，等到明年再审。这当然只是一个堂皇的借口，半年后，回人反清起义爆发，乾隆立即让李侍尧从牢房中出来，前去甘肃处理军务。不久，陕甘总督勒尔锦因咎获罪，李侍尧取代了他的职位。从云贵总督变成战略地位更加重要的陕甘总督，李侍尧的权势有增无减。

更绝的是甘肃省冒赈的事情爆发，乾隆让李侍尧和阿桂查办此案，用贪官来反贪，乾隆可谓深谙以毒攻毒之道。李侍尧本身是一个贪官，对于贪官的伎俩可以说是了如指掌，很快就把这个案子办得干净利索，深得乾隆欣赏。正应了那句古老的哲理：“使功不如使过。”

乾隆为何对李侍尧法外施恩?

乾隆处置的贪官很多，为何偏偏要放过李侍尧呢?

乾隆释放李侍尧的一个重要原因是，李侍尧确实非常能干。乾隆曾经公开宣称“李侍尧是中外最能办事的人”，在乾隆看来，朝中就数阿桂和李侍尧最能干。像这样的人如果出什么问题，是大清国的损失。

关于李侍尧的才能，我们可以举实例来说明。李侍尧四十岁担任广州代理将军，他一上任就做了一件让乾隆印象深刻的事情。李侍尧上任不久，就发现军中马匹数额不对，李侍尧顺着这个线索追查下去，发现前任将军席勒库荒废了马政工作，导致军中缺少五百匹战马。从这件事中，乾隆看出李侍尧做事认真负责，从此对他日加信任。

李侍尧曾经担任两广总督十七年，刚到任的时候，就成功地处理了英国商人洪仁辉事件。洪仁辉罔顾清廷只开放广州港口的命令，屡次将商船开到浙江一带，浙江水师不准他登陆。洪仁辉就到天津去告状，控告广州海关监督李永标勒索外商。李侍尧负责审理此案，他没有按常规出牌，而是将原告和被告各打五十大板。

首先，李永标确实勒索贪污，李侍尧将他革职；而洪仁辉不遵守清廷的法律，还恶人先告状，加上乾隆对洋人非常防范，李侍尧便将洪仁辉押到澳门，监禁三年。之后，李侍尧又颁布了《防夷五事》，对外国人限制更严。

李侍尧的处理方式让乾隆很满意，不久就把李侍尧署理两广总督的职位扶正。在担任封疆大吏的二十多年时间里，李侍尧干过不少实事。所以，乾隆对他多有依赖，治国这么多年，乾隆深知人才难得，一流的人才更是难得。一旦国家发生了动乱，没有这样的人才就非常麻烦，相反，留下李侍尧利大于弊，乾隆的判断是正确的。果然后来甘肃发生了回族起义事件。但乾隆这么做的危害也非常明显，国法没有权威，其坏处往往影响后面几代人。

除了会办事之外，李侍尧对乾隆可谓是忠心耿耿，乾隆说他“恋主”大概不假。李侍尧时刻把乾隆放在心上，乾隆交代给他的事情他会在最短的时间内完成，有什么好的东西总是献给乾隆。对此，乾隆心知肚明。

在抄家的时候，李侍尧家里最好的东西是三座黄金佛、一架珍珠葡萄、三株珊瑚树。乾隆一看，这些东西非常眼熟，后来才想起这些是李侍尧献给自己的贡品。根据清廷的规矩，臣子献给的东西，要退还一部分给臣子，算是赏赐吧！这些东西是乾隆退还给李侍尧的，在李侍尧的贡品里是相对差的一部分。现在乾隆看到自己退还给李侍尧的东西居然是他府里最好的东西，乾隆能不感动吗？这说明李侍尧是忠心为主子，把最好的东西全都奉上。

在乾隆眼里，李侍尧是个忠贞不贰的奴才，而且会办事。李侍尧固然贪污受贿，但对于一个才能突出又忠心护主的奴才来说，这不是什么致命的错误。乾隆不想杀李侍尧的根本原因是：到哪儿找这么好的奴才啊？

当然了，乾隆放过李侍尧还有一个原因是进贡，李侍尧的贪污跟向自己进贡有直接的关系。如果就这样把李侍尧杀了，乾隆于心有愧。乾隆是一个假模假式的人，经常在臣子面前表现自己勤政爱民，好像非常厌恶奢侈。但是在李侍尧面前就没有这么装了，他曾经对李侍尧说："你这次进贡的镀金羊景表亭非常好，如果以后发现有和这个一样好看的，多献几件上来；如果发现有比这个还大还好的，也多找几件来，不必在乎价格。"

由此可见，不仅李侍尧主动进献，乾隆有时还会主动索取。

李侍尧虽然贪污勒索下属，但这些钱大多数还是用来服务乾隆的，自己只取其中少数。乾隆曾多次夸奖李侍尧"优于办贡"，意思是他献的贡品很讨自己喜欢。这么一来，官场上办贡成风，所以李侍尧案发后，许多同僚指责他，说他带坏了风气，所以应该严厉惩治。

这种风气对于吏治固然很坏，但是乾隆却不希望终止，他很希望过这种奢侈的生活。乾隆不能杀李侍尧，杀李侍尧等于自绝臣子的纳贡之路。

李侍尧最后的结局非常风光，乾隆不仅归还了他的官职和爵位，还加封他太子太保的头衔。最后，乾隆模仿唐太宗李世民绘制凌烟阁二十四功臣像，也设置了一个紫烟阁，李侍尧位列二十四功臣之一。

惊天大案——甘肃冒赈案

通省都是贪官

乾隆四十六年（1781年）三月，甘肃发生了回教反清起义。起义的领导人是一个叫苏四十三的穆斯林教徒，他领军围困兰州城，陕甘总督勒尔锦平叛不力，被押回北京候审。

乾隆随后派遣政坛新星和珅前去督战，和珅督战不力，乾隆只好让王牌将领阿桂前往甘肃。令人意外的是，这次平叛居然揪出了一件惊天贪污案。

和珅是当年四月到达兰州的，到后不久，他就给乾隆上了一道奏折，这道奏折纯属军情，丝毫不涉及贪污案。和珅在奏折里说他刚一进入甘肃境内就遇到大雨。十天后，阿桂来到甘肃。阿桂也给乾隆上了一道关于军情的奏折，在折子里他也提到甘肃连日下大雨，阻碍了行军，对用兵很不利。

这两个奏折没有任何特殊之处，谈的都是军情。然而，心细如发的乾隆却从中看到了别人看不到的东西。收到这两份奏折后，乾隆马上想起了甘肃省连年的旱情奏折。

甘肃省接连上奏折说天气干旱，庄家收成大减，百姓生活困苦。为此，乾隆耗用巨资给甘肃赈灾。现在，和珅和阿桂的奏折都说甘肃连日大雨，雨量相当充沛。为什么甘肃年年旱灾，今年雨水特别充沛呢？乾隆觉得这里面肯定有蹊跷。

在惩办陕甘总督勒尔锦和甘肃布政使王廷赞时，乾隆的怀疑被证实了。

勒尔锦被抄家后，家中仅存七千两白银，但是他的家奴曹禄家中却发现了两万余两白银。乾隆因此认定勒尔锦隐匿财产，让阿桂在前线也顺带关注一下此事。

布政使王廷赞守城有功，然而却盲从勒尔锦，延误了军机，顺带着也被革职，进京接受调查。王廷赞为了将功补过，提出愿意将自己四万两养廉银献给甘肃府库充作军饷。但让王廷赞没有想到的是，他这么做居然弄巧成拙，让乾隆更加怀疑。王廷赞出手这么大方，背后肯定还有更多的银子。

再联系到王廷赞的前任王亶望，不久前捐款五十万两修建浙江海塘工程之事，乾隆当时就很奇怪王亶望怎么会这么有钱。王亶望到浙江期间，名声还不错，乾隆由此推测，王亶望和王廷赞的钱财应该都是在甘肃捞的。

这时，乾隆收到和珅的奏折："王廷赞担任甘肃布政使多年，家里非常充裕，就是再多捐出几倍，对他来说也是小事情。"

乾隆让新任陕甘总督李侍尧和阿桂审理此案。经李侍尧和阿桂一查，一个巨大的贪污网络浮出水面。

当这个贪污网络浮出水面后，乾隆感到震惊，这是他当皇帝以来最大的一个贪污案。原来，甘肃接连七年谎报灾情，赃银高达一千万两，涉案官员多达一百多人，以至于乾隆大呼这个案子是自古未有的奇贪大案。

冒赈中的猫腻

案子很快分两头审理起来，一头由阿桂和李侍尧对甘肃省各级官吏进行审讯，一头由闽浙总督陈辉祖在浙江对王亶望等人进行审理。

王亶望拒不认罪，没办法，乾隆只好把他押解到热河行宫进行审讯。王亶望和王廷赞等人仍然抵赖不认账，随着证据越来越多，他们面对这么多有力的人证和物证，再也没法狡辩了。

甘肃接连七年上报灾情，其实这七年并没有大旱。那这些官员谎报灾情想要达到什么样的目的呢?

事情还得从捐监说起。捐监是清朝的一种特殊制度，它允许为国家捐钱的读书人获得国子监监生的资格。这是方便一些有钱却无学问的人，给他们一个做官入仕的机会。

乾隆三十九年（1774 年）四月十八日，乾隆下旨批准陕甘总督勒尔锦在甘肃实行捐监制度。乾隆批准这个项目也是别有原因，因为当时甘肃连年旱灾，需要大量的赈灾钱粮。捐监可以部分地解决钱粮问题，但是也会带来很多弊端。为此，乾隆特派浙江布政使王亶望前往甘肃，负责捐监事务。

王亶望本人就是靠捐监发家的，他通过捐纳当上了知县，后来又担任知府、布政使、巡抚等官职。乾隆所以委派王亶望处理捐监事务是因为王亶望身上有两个优势，第一个优势就是现在常说的理财能力，第二个优势便是王亶望的父亲王师是一个非常正派的官员，廉洁奉公勤政爱民。乾隆心想，都说龙生龙凤生凤，王师既然是个清官，他的儿子王亶望应该不至于是个贪官吧！

这个王亶望能力确实不错，在甘肃三年，收到“监粮”六百多万石，批准了十五万通过捐监获得监生资格的人。按规定，甘肃每年要缴纳的钱粮是八十万到九十万石，王亶望一上来就收获了这么一大笔钱粮，确实是了不起的政绩。因为甘肃是一个经常发生战争的地带，钱粮在这里尤其显得珍贵。

因此，乾隆提拔王亶望为浙江巡抚。当真相水落石出的时候，乾隆震怒了，自己看上的理财高手居然也是一个贪污专家。

我们一定很好奇，王亶望是怎样贪污的呢？

应该说，王亶望确实很聪明，他来甘肃不久就发现了一个贪污门路。甘肃以前经常发生旱灾，粮食短缺，百姓生活困难。如果谎报灾情，正好可以借机贪污国家公款。为了让贪污“大计”得逞，王亶望说服了总督勒尔锦。勒尔锦下水之后，甘肃省的各级官员就没有人敢说一个“不”字了。

王亶望贪污的另一个手段是在捐监之时额外多收，当时规定的捐监银两是五十五两，王亶望往往要多加收一些银两。为了将这些银子贪污，王亶望特命自己的亲信蒋全迪为兰州知府，专门负责收取捐银。

虚报旱灾之后，王亶望又奏请乾隆，允许将捐银赈济地方百姓，结果这些钱全都被腐败集团私分了。王亶望甚至为各县预定灾情，根据灾情的轻重分别给予不同的钱粮，甘肃的地方官们当然不会放过这么好的一个发财机会，大家纷纷落入王亶望的腐败网络里，私吞赃款，上下一片腐败，通省难得一个好官。

王亶望自然是这些人中贪污最多的一个官员。

事实上，这些监粮主要是钱，并不存在所谓的粮食，但是上报的时候却说成了粮食。乾隆中途也一度产生怀疑，认为甘肃的监粮可能没有那么多。他还曾派遣刑部尚书袁守侗到甘肃查访。袁守侗是一个出名的办案高手，曾经五次破获重大案件。但是，袁守侗这次到甘肃后却扑了一个空。

甘肃各级官员听说皇帝派钦差下来查粮，串通起来设计了一个骗局，在粮仓下面铺设木板，上面撒满谷物，造成粮仓充实的假象。袁守侗回京后，向乾隆奏报，甘肃粮仓非常充实，没有虚假。

乾隆将信将疑，只好把这事情暂时搁置一旁。

明察暗访

事实上，半年前乾隆就对王亶望产生了怀疑之心。其时，乾隆任命阿桂为钦差到浙江视察钱塘工程。到了杭州，阿桂对钱塘工程的各种细节一一过问，并且派人暗访吏治情况。阿桂首先发现杭嘉湖道员王遂有问题。

王遂还没有担任杭州知府之前就已经有一处豪华的房产，

担任杭州知府后买下一些房产，将自己的豪宅扩建，扩建之后，王遂的房产已经有一条街的规模，王遂将其他的一些房子当作店铺租给商人。阿桂立刻想到王遂抢占民房，便派人私下里访问那些卖民房的人，根据他们的说法，王遂虽然不是抢占民房，但这些卖房的人也并不是自愿出售的，大家都是迫于他知府的威势不敢不卖。

随着查访的深入，阿桂还发现王遂在西湖附近另有两处房产，并出资数万两银子和商人何永利开办钱庄。掌握了确凿证据后，阿桂奏请乾隆将王遂革职查问。

乾隆收到奏折后，命阿桂负责审理王遂。阿桂带着陈辉祖、富勒浑、李质颖等人前往王遂府上搜查，查出王遂家里有现银九万多两，银器两千多两，王遂还借出四万多两银子。在王遂老家，查出合计八万两白银的田产和财物，此外还有大量的金银玉器。

王遂一年的养廉银不过几千两，按照正常收入不可能有这么多钱。现在王遂有二十四万两存银，如果不是贪污，又是从什么地方得来的呢？

王亶望作为王遂的顶头上司，很可能是一个更大的贪污犯，乾隆叮嘱阿桂务必要钓出潜水的大鱼。王遂不仅是王亶望的下属，还是王亶望一手提拔和推荐上来的。正因为这层关系，要王遂供出王亶望并不容易。自己贪污的罪证被发现，王遂只好自认倒霉，拒不供认“恩人”王亶望。

结案之时，王遂一案并没有进展，刑部给王遂拟定了“绞监候”。乾隆不想立即处死王遂，始终希望他能供出王亶望。

王遂虽然没有供出王亶望，但阿桂和和珅前往甘肃平叛时无意中给乾隆提供了另一条线索，乾隆终于抓住了王亶望的尾巴。

刑部堂官英廉等人负责审讯勒尔锦，勒尔锦没有抵赖。事已至此，他知道还是认罪比较好，于是将这些年来贪污受贿的情况交代出来。但勒尔锦把主要责任推到王亶望身上，他说自己本来是不想这么干的，是王亶望一再怂恿，自己也怕得罪人，一时意志不坚定，跟着大家同流合污了。

根据勒尔锦的供词，王亶望是冒赈案的主谋，这个案子是他一手策划一手筹办的，其他人都是从犯。与此同时，甘肃省蕃司王廷赞也坦白，王亶望将捐粮改收为银两，每个捐生收银五十五两，这事由王亶望的亲信负责，自己只不过是沿着王亶望铺好的路走而已。

大批贪官落马

经过一年半的审理，案子已经水落石出了。看到结果，乾隆非常震惊，甘肃省的官员几乎全部落马。

阿桂给乾隆呈递的贪官名单上有一百多人。这起冒赈案贪污的具体数字并不清楚，但毫无疑问数额是非常庞大的，仅仅从王亶望家里就查抄出三百多万两银子。根据王亶望自己交代，甘肃全省贪污银两总共大概有一千多万两，这个数字肯定还是保守的。

现在，摆在乾隆面前的问题是，要不要把这些官员全杀了呢？根据国法，是应该全部杀掉的。但是这么一来，甘肃官场顿时就会出现真空状态，政务谁来处理呢？一时之间也没法找到这么多官员来替补。如果不杀，国法何在，贪污之风如何抑制？

经过再三考虑，乾隆采取了折中的做法，既强调严惩贪官，又表示事情已经过去多年，能宽容的就宽容，加上涉案官员太多，能不杀就不杀。乾隆还下了一道特别的规定：贪污超过两万两白银的斩立决，贪污在一万到两万两之间的判为斩监候。由于涉案官员太多，乾隆不得不把死刑标准放宽。但即便如此，也有五十六名官员被处死，王亶望是立即正法，勒尔锦享受到自尽的待遇，王廷赞被判为绞监候。

当这些官员们一一认罪伏法，甘肃省的官场立即陷入了瘫痪状态。乾隆从全国各地往甘肃调派官员，这才解决衙门瘫痪的问题。

乾隆对这起贪污案进行了认真的反思，他认为真正的元凶并不是王亶望，而是刚辞世不久的首席军机大臣于敏中。因为当时勒尔锦奏请捐监时，于敏中极力劝说乾隆批准。于敏中如此热心于推行甘肃捐监，当时乾隆也猜不透其真实的意图。现在想想，乾隆觉得很可能于敏中就是幕后最大的人物。

现在想来，于敏中的动机很简单，就是为了从中捞钱。于敏中很幸运，在冒赈案还没露底之前他就已经去世。于敏中这个人在生前享有廉洁正直的美誉，没有人会想到他也是一个贪官。他的问题是怎么查出来的呢？说来还是他的后代们为了分家产打官司，官府一查，发现于敏中家中居然有银子两百多万两。

乾隆一看，就知道其中大部分是从甘肃那边捞来的。愤怒的乾隆让人查抄于敏中的家产，并表示如果他还活着，一定要重罪惩治，看在他过世兼为国效力多年的份上，就不追究了。

刑部尚书袁守侗和刑部左侍郎阿扬阿曾经前往甘肃查看监粮，因被甘肃官员蒙蔽，没能发现问题。乾隆认为应该给予他们处分，把他们交给刑部议处。这案子还牵连到陕西巡抚毕沅，毕沅虽然是陕西巡抚，但是根据乾隆制定的规章，陕西巡抚有责任监察邻省的事情。而且毕沅这个人才华出众，在陕西当了十几年巡抚，理应了解甘肃那边的情况。甘肃通省贪官，毕沅却没有发现，降三级留用，并停发所有薪俸。

审判官陈辉祖也卷入案中

就在甘肃冒赈案接近尾声的时候，没想到跟随阿桂查案的闽浙总督陈辉祖竟不幸卷入贪污案中。这是谁也没有料到的，陈辉祖曾经负责查抄王亶望的家产。也就是在查抄的过程中，王亶望的巨额资产让陈辉祖产生了贪婪之心。陈辉祖心想，这么多的黄金、珠宝和古董，我顺手牵羊拿一些不会有人知道的。

就这样，陈辉祖把好东西都拿走了，留下一些稀松平常的东西交公。乾隆是一个非常警觉的人，打开王亶望家财的箱柜，发现里面居然都是一些很平常的东西，并没有想象中的那么多金银珠宝。这实在不像是王亶望的家私，王亶望曾经进献过不少珠宝，而现在这些家私里居然没有一件。

乾隆是个聪明人，立刻想到肯定是有人从中做了手脚。乾隆四十七年（1782 年）夏，乾隆在承德避暑山庄召见浙江布政使李封、按察使陈淮等人。乾隆问他们是不是有人把王亶望的家产调包，这几个人都说不知道。乾隆很生气，让人亲自去浙江调查，很快就调查出证据来，发现李封、陈淮正是犯罪嫌疑人，在乾隆的一再逼问下，这两人终于供出了陈辉祖，说陈辉祖用白银换成黄金，还将一些常用的东西替换珠宝。

陈辉祖接受刑讯的时候，百般狡辩，不肯认罪。说到白银换黄金，陈辉祖说当时抄家时，布政使跟自己商量，说金子含水过多，成色不好，运到北京以后，估计耗损会更多，所以干脆换成银子更实惠一点。陈辉祖强调说，这么做也是为了国家着想。为了抵罪，陈辉祖甚至编造出离谱的借口，说王亶望被抄时曾向他求情，怕金子太多引人注目，让自己按照市场价兑换成银子。

说到实物被调换，陈辉祖编造借口说，从王亶望家里搜出的朝珠太普通，自己都不好意思运往北京，所以让人在外面买了一些好的，一并放在里面，这么做也是为朝廷着想。

陈辉祖的供词显然不值一驳，黄金成色不好兑换成银子，怎么送到北京来还有九两黄金。而且陈辉祖对其他一些贵重的珠宝只字不提，这显然是不符合事实的，王亶望曾经向乾隆进贡了一些宝物，乾隆照例返还给他一部分。

陈辉祖的上司阿桂负责审问他，阿桂从陈辉祖家奴口中得知陈辉祖偷换名贵的玉器和字画等。看到调查出来的证据越来越多，陈辉祖知道如果抗拒，后果会更严重，只好坦白。

坦白之后，乾隆开恩，抄了陈辉祖的家，判为斩监候，随后改为自尽。陈辉祖因为一时贪念，结果偷鸡不成蚀把米，还丢了性命，真应了那句古语：人为财死，鸟为食亡。

陈辉祖死后，江南流传着这样的民谣：昨日抄人家，今日被抄家；贪官皆上路，百姓笑哈哈！

一个牛脾气揪出一群贪官

像李侍尧这样重量级的高官贪污引起轰动大家可以理解，像甘肃这样全省集体贪污的事件炒得沸沸扬扬大家也可以理解。但是，一个小小的七品芝麻官贪污弄得全国皆知大家能理解吗？

作案者是浙江平阳县的一个县令，捅出这个案子的是一个脾气相当直的老头。这个老头捅出这个案子后，不但没有得到奖赏，反而被处分降职，这是这个案子最奇怪的一个地方。

这个倔老头名叫窦光鼐，山东人，担任浙江学政。窦光鼐这个人用现在的话来说就是一根筋，认死理，说话做事经常得罪人，这种人在官场里肯定是个讨人嫌的角色，说实话，连乾隆都不喜欢他。乾隆屡次降他的职，但是考虑到他这种人性格耿直，在官场上比较少见，降职后又多次起用他。

浙江学政本来是主管教育的，吏治的事、财务的事本来不归窦光鼐管。当时，浙江上上下下都贪污，大家互相包庇，官官相护，没有人敢捅开这层纸。

王亶望、陈辉祖这些人贪污事发后，乾隆对浙江官场疑虑相当深，他觉得浙江肯定上下都不干净，便任命福崧为新任的浙江巡抚，指望他查清浙江官场的腐败情况。不过，有意思的是，乾隆送福崧赴任之前叮嘱他：查归查，但也不要搞得满城风雨，尽量要和风细雨。

福崧来到浙江后，发现全省亏空一百三十多万两银子，平均每个县亏空两万两。乾隆让福崧在三年之内补足亏空，福崧表示一点问题都没有。三年之期终于到了，福崧却没有完成任务，说还欠三十三万两。乾隆不高兴了，山东发生贪污案后，新任的巡抚用两年的时间就补足两百万两亏空。浙江是何等富裕的地方，三年时间怎么就补不了一百多万两银子？乾隆怀疑，福崧可能也被侵蚀了。

乾隆于是又派户部尚书曹文埴、刑部侍郎姜晟和工部侍郎伊龄阿等人前往浙江监察。不久，乾隆就免去福崧浙江巡抚的职务。曹文埴、姜晟、伊龄阿这些人来到浙江后，向乾隆奏报，浙江亏空确实只有三十多万两，跟福崧报告的数据差不多，而且各级官员正在紧急弥补亏空。

钦差大臣的这个奏折本来可以平息乾隆的愤怒，没想到中间杀出了个窦光鼐，他爆出了个猛料：浙江亏空远远不止三十多万两。

这是怎么回事呢？原来窦光鼐自从来到浙江，负责各州县的教育事务，但老窦这人对财务也特别感兴趣。他亲临各县，明白各州县的亏空远远比实际上报的数字要多。福崧让各州县官员上报亏空数字，官员们不敢如实上报，福崧对此浑然不觉。但时间长了，福崧慢慢也知道了，不过此时他也不敢上报乾隆，怕乾隆骂他："你当初是怎么办事的？"

没办法，福崧只好命各州县的官员尽快把亏空补足，上报的和没上报的一起补足。窦光鼐对这些都了解，他并没有傻乎乎地蹦出来，把这事情揭开。他知道福崧也有难处，所以把嘴边的话强行憋了三年。

三年之后，再也憋不住了。他催促福崧尽快采用强硬措施，但福崧这个人做事优柔寡断，他觉得这样不太好。后来乾隆派钦差大臣来浙江后，他们上奏说浙江只有三十多万两亏空，然而窦光鼐却给乾隆上了一道密折，把幕后真相揭露出来。在奏折中，窦光鼐还说福崧这个人人品没问题，只不过对下面的人太宽容了。窦光鼐因此被乾隆提拔为吏部侍郎，乾隆圆滑地告诉他："浙江有问题，你也有责任，不可以漠不关心，知道的情况都告诉我。"

窦光鼐升官了，报恩心切，告诉乾隆：三年前各州县上报的亏空数目是不真实的，造成亏空的主要原因是由上司勒索造成的，上司一勒索，下面就贪污，反正大家都是同一根绳上的蚂蚱，所以大家互相庇护；官员交接的时候，都会事先劝说新任官员，让他们对这些事情守口如瓶，新任官员拿到好处以后，也成了他们中的一员。

窦光鼐这么做把浙江全省的官员以及皇帝派遣的钦差大臣全得罪了。三位钦差大臣仍然坚持说自己的调查是正确的，窦光鼐提供的数据极为不合理。

这场斗争一开始窦光鼐并不是孤军奋战，至少乾隆站在他这边。所以，窦光鼐干得很卖力，他经过实地查访，发现仙居县亏空近万两，以致新任县令不敢接手；黄岩县亏空粮食五万九千石；乐清县亏空两万两，候补知县也不敢接手；桐庐县也亏空两万多两……

在窦光鼐实地查访的过程中，还发现了一条鳄鱼：平阳县县令黄梅。此人借着弥补亏空的名义居然把钱都塞进自己的腰包里。黄梅在平阳当了八年县令，对百姓勒索摊派，发现亏空后，居然不把银钱补足亏空，反而都揣进自己的腰包里。

说实话，乾隆这时候态度也发生了微妙的变化，他固然想解决贪污问题，但也不想搞得太大。作为一个皇帝，还是希望大臣们能拥戴自己，如果为了一个倔老头、为了一些银子搞得跟大臣们不愉快，也不符合乾隆的本意。

乾隆知道，这个案子还得让阿桂去办。窦光鼐失败的地方在于他连阿桂也得罪了，阿桂是何等人物，而且这个人官声也不错，你得罪他不是找麻烦吗？这事也许不能怪窦光鼐，因为阿桂对他一向没有好感。

阿桂到浙江后不久，就上奏说窦光鼐参劾的内容不实，还是曹文埴等人的报告比较可靠。乾隆是非常信任阿桂的，在乾隆的心目中，阿桂是朝中第一重臣，李侍尧是第二重臣。阿桂的话和窦光鼐的话谁的分量重不言自明。

阿桂在浙江主持了一个会议，各路官员都前来开会。这个会议表面上是查贪，其实是整窦光鼐。以前向窦光鼐作证的人全部改口，所有的证词都朝着对窦光鼐不利的方向进行。阿桂最后得出一个结论：窦光鼐诬陷浙江官员。

此时，乾隆还是清醒的，他没有就此认为窦光鼐完全是在诬告，他感觉背后必定有隐情，所以仍然为窦光鼐开脱。

窦光鼐也没有坐以待毙，他给乾隆上奏说，阿桂来浙江调查后，各级官员都串通好了，钦差大臣们没有实地查访，地方官说的全都是假话，窦光鼐只差没有说阿桂故意在整自己。窦光鼐最大的悲剧是他手中没有确凿的证据，乾隆对这种“负气”的说辞非常恼怒，天下就你窦光鼐一个人正直？你得罪人不要紧，别把我也扯进去。乾隆干脆下旨让窦光鼐不要多管闲事。

没想到窦光鼐的牛脾气上来了，连圣旨也不当回事。管都管了，就一定要管到底，非得出出胸口这顿恶气不可。窦光鼐居然孤身一人前往平阳搜集证据，这一去后面多少官员在看着，每个人都巴不得他早点完蛋。

阿桂第一时间把窦光鼐的行踪报告给乾隆，乾隆的回复是：笑话，且看他如何办案。

窦光鼐到了平阳后，在当地的明伦堂召集衙役和举人们开会，让大家放心大胆地揭露平阳县的腐败问题。

伊龄阿早已派人秘密跟踪窦光鼐，并将窦光鼐的行为添油加醋地报告给乾隆：窦光鼐在平阳搜集证据，大家不愿开口，他就在大堂之上咆哮，威胁那些举人和秀才，让大家都非常害怕。真是屋漏偏逢连夜雨，此时都察院和吏部又弹劾窦光鼐袒护劣生，擅离职守，建议将他革职。乾隆此时也对窦光鼐烦透了，便下令革去他吏部侍郎和浙江学政的职务。

窦光鼐已经不管这些了，他下定决心，就算豁出老命也要把这些官员拉下马。伊龄阿这人不仅书画才能棒，搬弄是非的能力也特别强，他立即给乾隆上奏折说窦光鼐不想做官了，也不要性命了，有违大臣之礼。乾隆听了，怒不可遏，下令将窦光鼐押解进京，由刑部议罪。

这么一来，窦光鼐把所有人都得罪了，连乾隆也站在他的对立面。

窦光鼐在做人方面是完全失败的，但他执着的精神发人深思，如果官场中能够多一些这样的人，吏治还会这么污浊吗？

我们还是先看看窦光鼐的命运，这个原本想捅出官场腐败的老头眼看就要自身难保了。幸运的是，在被押解进京之前，他已经搜集到黄梅的贪污证据。窦光鼐带着人证物证风尘仆仆地来到巡抚衙门前，要求伊龄阿重审这个案子。伊龄阿一口回绝，直白地告诉他："老先生，你现在是泥菩萨过江自身难保，还是为自己考虑考虑吧！"此时，乾隆下令将窦光鼐押解进京的谕旨还没有到杭州，但伊龄阿相信窦光鼐这次肯定难逃一劫。

窦光鼐急了，写了一封密折给乾隆，把自己搜集的证据全都寄给乾隆。根据窦光鼐的调查，一个小小的平阳县令黄梅居然贪污高达二十万两银子。

窦光鼐这个折子到了朝廷后，不仅是乾隆，整个朝野都震惊了。因为乾隆已经给浙江亏空案结案了，难道窦光鼐想翻皇上定下的案子？

窦光鼐密折发出后不久，他本人也戴上镣铐，前往京城。乾隆发出一道谕旨，让官差中途把窦光鼐释放。接着，乾隆第三次任命钦差大臣闵鹗元前往浙江，会同阿桂重新审理这个案子。

这层纸捅破之后，查起来非常顺手，贪官们认罪态度也相当好。判决如下：

黄梅斩立决，就地正法；黄梅的儿子黄嘉图，协同犯罪，发配伊犁。

平阳县的一些犯法的衙役从犯，杖打八十，关押两个月。

黄梅的顶头上司、温州知府范思敬贪污受贿，包庇黄梅，发配伊犁当差。

原浙江巡抚福崧，包庇贪官，玩忽职守，革去现任山西巡抚的职务，调到新疆担任帮办大臣。不过后来乾隆又把福崧调回内地担任巡抚。

整个判决中，最让人意外的莫过于对现任浙江巡抚伊龄阿的审判了。伊龄阿是阻挠这次贪污案的一个罪魁，出于私心，百般诋毁窦光鼐，袒护腐败官员。伊龄阿本以为自己即使不杀头，也要发配三千里。让他意外的是，乾隆不但没有降罪于他，反而升他的职。乾隆将他提拔为内务府大臣，同时兼任崇文门税务总督，由从二品变成了正二品，而且，不管内务府大臣还是崇文门税务总督都是肥差。要理解乾隆为何作出这样一个判决，必须了解伊龄阿的出身。伊龄阿是内务府出来的一个奴才，换句话说是乾隆的家奴。就算狗在外面咬人了，主人也不会把狗给宰了，狗永远是狗，永远忠于主人。

对阿桂的惩罚是革职留任，这种惩罚当然更多的是一种形式。乾隆是不可能真处置阿桂的，但阿桂也因为这件事影响到自己的地位。而和珅正好借机攀缘，最后和珅成为乾隆的第一宠臣。

窦光鼐也许正兴奋地等待乾隆对自己的奖赏，没想到等待他的却是惩罚。一纸文书下来，免除窦光鼐吏部侍郎职务，改授宗人府府丞，由从二品降为正三品。当然，乾隆也肯定了窦光鼐“实心任事、忠心事主、功不可没”，但他话锋一转，说窦光鼐固然有功，但在查案中行为乖张、咆哮公堂，也犯了不少错误，所以必须给他敲敲警钟。

第八章　六下江南
——处处留情真风流

据说乾隆曾带着第一任皇后富察氏南巡，一天，在江南的御舟中招了许多美貌的娼妓，寻欢作乐。皇后得知后，很不高兴，痛骂娼妓，还对乾隆讽刺了几句。乾隆气得把富察氏揪到房里，拳脚相加。最后，富察氏不堪侮辱，跳河自杀。

民间热议：乾隆为何六下江南

南巡的传统始于康熙，康熙曾有过六次南巡。乾隆继位后，事事效法皇祖，南巡这事当然也不能例外。乾隆奉康熙为楷模，不仅在位时间不敢超过皇祖父，就连南巡的次数也不敢超过。本来六下江南是视察民情、整治河工的好机会，但为何乾隆在晚年说自己一生中犯的最大的错误就是六次南巡？乾隆自己给出了答案：劳民伤财。

我们先来看看民间是怎么看待乾隆下江南的，跟乾隆自己的看法不太一样。乾隆认为自己下江南是为了治理国家，关心民生，但老百姓对这个说法可不买账。

离家的孩子要回家

前面讲到，在浙江海宁一带流传乾隆是陈阁老的私生子，传说有鼻子有眼。根据传闻，雍正在当皇子时，跟陈阁老的关系很好。后来两家同一天生了孩子，雍正生的是女孩，而陈阁老生的是男孩。陈阁老抱着孩子到雍王府以后，被雍正调包了。后来，乾隆当皇帝后，听说了自己的身世，他六下江南就是为了搞清楚这事是真是假。

乾隆六下江南四次住在海宁陈阁老的家里，虽然这时陈阁老夫妇已经去世，但陈阁老的子女们都在。如果乾隆是陈阁老的儿子，那么乾隆住在这里也算是跟兄弟姐妹们在一起。据说，乾隆每次回来，都要到陈阁老夫妻墓前行孝子大礼。

这个传说在浙江一带流传得非常广。

微服私访

电视剧《康熙微服私访记》曾经一播再播，非常火热。这乾隆既然凡事都以皇祖康熙为榜样，自然也要学着微服私访了。

这个说法在民间流传得也相当广。据说乾隆有一次下江南的时候，微服私访的路上遇到了一个赶车的少年，这少年看上去颇为机灵秀气。乾隆就好奇了，问他："小伙子，你这么个年纪，怎么不去读书，反倒在这里赶车，以后还能有什么出息啊？"

这少年的回答让乾隆大吃一惊，少年说："我怎么就不想读书了？是我不能读书啊！都是乾隆那个王八蛋害的！"

乾隆气愤地说："你自己不读书，反倒怪乾隆了？"

少年这才告诉乾隆，他本是一个知府的儿子，父亲在任时屡次弹劾一个贪赃枉法的大臣，结果都被乾隆驳回。这个大臣仗着有乾隆庇护，更加为非作歹，竟然将父亲杀害，这个少年侥幸逃脱，不得不以赶车为生，怎么还能指望读书呢？

乾隆一听，颇为愧疚，回去斩了那个大臣，并把知府的儿子叫到京城，免费给他提供读书的机会，后来还让他当上了京官。

微服私访可以了解民情，但有时候也是寻花问柳的好机会。

寻花问柳

乾隆多情，喜欢拈花惹草这是大家都知道的事，为此他还跟皇后闹翻了。

据说乾隆曾带着第一任皇后富察氏南巡，一天，在江南的御舟中招了许多美貌的娼妓，寻欢作乐。皇后得知后，很不高兴，痛骂娼妓，还对乾隆讽刺了几句。乾隆气得把富察氏揪到房里，拳脚相加。最后，富察氏不堪侮辱，跳河自杀。

这个传说无非是根据乾隆好色这一点延展开来的，乾隆确实曾经对一个皇后特别糟糕，但这个皇后不是富察氏。乾隆与富察氏的关系是非常好的，两次立富察氏的儿子为太子，对富察氏是非常宠爱和尊重的，不可能对她拳脚交加。而且，富察氏并不是自杀的，她是因为两个皇子早殇而病逝的。再说了，富察氏在乾隆十三年（1748 年）就去世了，而乾隆是从十六年（1751 年）才开始南巡的。

乾隆倒确实因为寻花问柳的事情跟第二任皇后那拉氏发生了冲突。到了江南后，乾隆纵情声色，那拉氏过去劝谏他。乾隆本来就讨厌那拉氏，只是迫于太后的旨意，才立她为皇后。乾隆就对那拉氏破口大骂，那拉氏脾气也不好，两人就这么闹翻了。乾隆让人先把那拉氏送回京城，那拉氏悲愤异常，居然剪发，说要出家。乾隆对这种行为非常厌恶，对那拉氏更加反感，不久，那拉氏就去世了。

炫耀书法，卖弄文采

我们知道，清朝皇帝从康熙开始就有一个习惯，喜欢炫耀自己的才能，特别是文采方面。乾隆就特别喜欢写诗题字，一生写了几万首诗，南巡的时候到了名胜古迹，总会意兴挥洒，不题字便写诗。

民间流传着这么一个传说，乾隆在江南时微服私访，曾看到一个农家小孩在练书法。乾隆兴趣上来了，便问这个小孩会不会对对子，小孩点点头。乾隆噌的一声打开折扇，摇头说道："冰冷酒，一点两点三点水。"没想到这小孩绝顶聪明，一会儿就想出来了："丁香花，百字千字万字头。"

乾隆一听，心里很震惊，这对子对得实在太好了，感叹道："后生可畏啊！你这么小的年纪，居然有这样的才能，将来一定是状元的料！"

男孩一听，喜上眉梢，跪地说道："谢皇上赐状元之恩。"

乾隆一听，更吃惊，支吾地说："你……你怎么知道我是皇上？"

男孩回答更聪明了："天下除了皇上，还有谁敢点状元呢？"

乾隆摇摇头："罢了，罢了，君无戏言，就赐你为'童状元'吧！"

我们知道乾隆南巡途中游山玩水，到处题字作诗，这个是事实，但是他还不至于昏庸到专门为了炫耀自己的才能而南巡。实际上，乾隆是一个非常理智、非常智慧的皇帝，而且也很有涵养，对政事也非常用心。

乾隆后期吏治腐败的根本原因并不是乾隆这个人昏庸，也不是这个人愚蠢，论聪明才智，乾隆不比雍正差。只是乾隆在吏治方面的政策跟雍正不太一样，雍正尽力把国家往"法治"路上推，虽然雍正也做了不少违背法治的事，但总体的心愿还是以法治国。乾隆却恰恰相反，在他手中，国家不断往人治的方向发展。

乾隆用权术虽然可以维护国家的利益，但已伏下了吏治隐患。譬如，李侍尧犯了贪污罪，理应处死，乾隆巧妙地把他救了出来，最后李侍尧为国家立了大功，这事乾隆非常善于用人，但也破坏了律法的权威性。根据蝴蝶效应，法律权威被破坏后，后面必然是吏治腐败。

乾隆实际上是收获了眼前利益，却失去了长远利益。

同是南巡，康乾有所不同

康熙是清朝历史上一个开疆拓土的皇帝，历史学家对他的评价相当高。康熙南巡也没有落下话柄，为何同样南巡的乾隆却引来阵阵骂声呢？甚至，到晚年连乾隆自己都意识到错误。

我们来看看这祖孙俩在南巡的事上有何不同。

康熙幼冲继位，国家局势不稳，朝政被权臣把持。年少的他韬光养晦，除掉权臣鳌拜。亲政以后，国内局势变幻莫测，内有三藩，外有台湾的郑氏政权，西北有准噶尔的叛乱势力，东北俄国人虎视眈眈。内忧外患之下，康熙一步步解决了问题，平三藩，收台湾，平定准部叛乱，击退俄国侵略者，成就了千古大帝的名声。康熙虽然丰功伟绩甚多，但始终把治国安民放在首要地位，这便是他南巡的真正原因。

康熙南巡有六个主要的原因。

一是治理黄河。封建统治者历来把黄河的治理当作国家的头等大事，提到与吏治同等的地位，这意味着黄河治理不好，可能关系到国家的兴亡，元朝就是一个典型的例子。康熙执政以后，黄河的灾患仍然严重，影响了黄河附近各省人民的生活。在出发前，康熙就把河工一事放在心里。在治理黄河的过程，他又逐步了解民情，考察吏治，一举多得。由于多次亲临黄河现场，康熙自己总结出了治理的新方法。他提出疏通河底、修改清口、拆毁拦水坝和引水归江四大措施，为黄河治理做出了重要贡献。

二是察访民情。康熙对民情是非常关心的，雍正曾说自己在通达下情这方面比康熙强，这话得这样说：雍正比康熙更了解官情。正因为深入了解民间疾苦，为了稳固大清江山，康熙提出了“永不加赋”的政策。了解民情也是康熙南巡途中的一个重要任务。

三是考察吏治。康熙南巡亲临官场第一线，发现问题、了解问题、解决问题是他一贯的办事风格。第一次南巡时他发现漕运总督邵甘有问题，立即将其撤职。第二次南巡他搜集了更多的官场情况，重新任命了一批官吏。对于吏治这个问题康熙从来不敢怠慢，也不会轻易相信下面的奏折，自己亲自了解情况才是最可靠的。

四是减免钱粮。南巡与钱粮并无必然的联系，这个决定是在南巡的途中做出的。深入了解百姓的疾苦，才能选择更好的统治方法，康熙有感于百姓苛捐杂税繁多，多次减免钱粮。

五是笼络人心。康熙爱才，哪个明君不爱才呢？爱才容易求才难。南巡的途中，康熙不忘发掘人才，跟地方上一些有贤名贤才的人谈话，量才录用。这既能挑选人才，又能笼络天下士人之心，一举多得。

六是游览名胜。康熙本人是个有艺术细胞的人，对于美景名胜当然也不会拒绝，看看自己治理下的大好河山也是他的兴趣所在。康熙过人的地方在于他并没有在游玩上耗费太多精力，而是放在一个非常次要的地位。这是他跟乾隆非常大的一个区别。

乾隆南巡跟乃祖康熙有很多相似的地方。他南巡的本意也是察吏安民，知得失，识兴替，制定更加利国利民的政策。动机虽好，可是做起来就完全不是这么一回事。说到才智和聪明，乾隆未必比康熙差多少，但为什么结果迥然有别呢？其根本原因不是才智，而是品格，康熙能够克制自己，乾隆却显得相对有些放纵了。

乾隆南巡也是把治理黄河当成大事来看待，乾隆甚至说过：“南巡之事莫大于河工。”乾隆并没有只说好话不做好事，在治理河工这块他确实下了很大功夫。

乾隆还有一项重要任务是修筑海塘，这就是他屡次住在海宁陈阁老家里的一个原因。钱塘江的水位关系到江浙一带百姓的生计，也关系到朝廷的赋税，所以乾隆才深入了解钱塘江的水情。

乾隆南巡也有笼络人心的意思，每到一个地方，他都会和当地的父母官以及地方上的名士交流，甚至祭拜明陵，拜谒孔庙，以此笼络天下人心。

在减免赋税这方面，乾隆做得比康熙还多，这也是南巡的一个原因。南巡需要大量的开支，这些开支基本上是由地方解决。乾隆自然会给予一定的恩惠，凡是路过的州县都减免钱粮，百姓对此是非常感恩的。

乾隆南巡还有一个目的：笼络官商。这跟康熙南巡不太一样，以乾隆的脾气，他是更喜欢人治的。所以，他不会像雍正那样对待官员，他更多的是笼络天下的官员，其中还包括商人。乾隆花钱非常大方，国库里的钱无法支撑乾隆挥霍，很多商人自然会支持乾隆，所以乾隆对商人还是非常看重的。

游山玩水是乾隆南巡的一场重头戏，所以在南巡的过程中，乾隆留下了很多风流韵事。

从表面上看，乾隆南巡和康熙南巡有很多相似之处，其实往深里看，大不相同。康熙每一次南巡都是尽量节俭，而且费用由内务府解决，不用百姓一针一线。如果地方官因此要百姓摊派，会受到康熙严厉的惩罚。乾隆又是怎么做的呢？他每一次南巡都是兴师动众，极为铺张奢华，如此劳民伤财，跟隋炀帝下江南有异曲同工之处。

劳民伤财的南巡

乾隆十五年（1750 年），南巡之事就已经在紧锣密鼓地筹备了。乾隆继位之后，经过十五年的积累，国库已经很充裕了，南巡的钱是没问题的，所以乾隆希望尽量办得隆重一些。

第一次南巡随行的大臣有三十二人，侍卫章京官员六百一十一名，兵丁两千五百五十九人，马匹六千六百九十匹。南巡途中经过的一些地区还得准备大量的船只和马匹；乾隆御用船只由漕运衙门打造，装饰要求奢华精美。此外，还有大量运粮的骆驼、骡子等。

南巡的路线是这样的：先经过直隶到达山东，在山东祭拜孔庙后，转到江苏，再由江苏进入浙江。仅陆路就有一千七百五十八里，水路一千三百四十六里，往返路程总计五千八百四十里。乾隆每到一处，地方官都要带领兵民前来迎驾，百姓跪在地上夹道欢迎，场面非常宏大。

皇帝南巡这是百年难遇的大事，地方官都引以为荣，百姓也乐得看热闹。所以，只要乾隆到一个地方，这里就成了黄金旅游点，许多百姓赶过来围观，人口往往暴增。乾隆还要求，各地必须保证临时增加人口的物资供应，不能让人饿肚子，所以事先截留几十万石的粮食保证地方上的供应，以免出现粮食匮乏的事情。乾隆是不希望看到有人饿肚子的，南巡本是喜庆事，如果因这事让许多人饿肚子，不仅良心不安，也会煞了喜气。

准备好充足的粮食和蔬菜也是为了防止物价上涨，影响经济的稳定。南巡需要调用大量的民夫，仅乾隆乘坐的御舟就调用了三千六百多个纤夫。这固然可以解决一部分人的就业问题，但怎么看都让人觉得心里不踏实。康熙在南巡时就没有这些问题，平平静静，极少扰民。

根据账面上的统计，乾隆六下江南耗费了两千多万两银子，可以肯定，实际数目绝对比这个多得多。各级地方官和商人们贡献了多少钱是没法计算的。

乾隆南巡虽说也做了一些实事，但总的来说就是摆阔花钱，吃喝玩乐。

乾隆是个非常喜欢享受的皇帝，凡事喜欢讲排场，衣食住行相当讲究。在皇宫里享受可以理解，难道南巡的途中就不可以将就一下吗？换作乾隆的祖辈或者子孙都可以，但乾隆是不能将就的。就拿饮用水来说，乾隆喝的是最上等的矿泉水，在直隶饮用的是玉泉山中的泉水，在山东喝的是济南珍珠泉水，在江苏喝的是镇江金山泉水，到浙江则是杭州虎跑泉水。仅运输这些水，就要耗费大量的人力财力。有人就问了，喝水就不必这么讲究了吧，地方官为何不能用一般的水假冒呢？

谁敢啊，乾隆的舌头可灵敏了，就算舌头不灵敏，他还有一种特制的仪器，能够测量水质的好坏。如果你敢忽悠他，那是活腻了。

南巡的途中还带了大量的牛羊，牛羊虽多，但也不够吃，不够的肯定是从地方上取。总之，皇帝南巡途中的物资不会有半点匮乏。

乾隆经过的御道也是非常讲究的，陆路御道要修得平直宽敞，路面要坚实稳固。中心正路宽一丈六尺，两旁马道各宽七尺。有石桥的地方，一律要撒上黄土。御驾经过的地方，必须用清水泼街。

沿途修建了三十多处行宫，虽为行宫，条件也不能差。必须布置得富丽堂皇，起码要做到一住进去就能感觉到皇帝的气派。尽管乾隆让各地修建行宫时不要铺张浪费，但事实上地方官员把行宫修得相当豪华，也没看乾隆责备惩罚他们。

商人也借着这个机会向乾隆邀宠，他们纷纷掏钱承担乾隆在江南的花销，有的甚至主动负责接待乾隆。乾隆第一次南巡经过扬州的平山堂，当地的商人闻知乾隆酷爱梅花，集体出资在行宫里栽种了上万株梅花。乾隆来到这里后，看到一望无际的梅林，大为愉悦。盐商汪氏，破费几万两银子在扬州建造了“三仙池”，乾隆看了后大大夸奖了汪氏一番，自然在官盐这块会多给他一些项目。

皇帝下江南，百姓虽说可以看热闹，但真正受苦的还是百姓。御道要笔直，碰到不笔直的地方，不得不把民房拆迁，老百姓活得好好的，突然要搬家，谁乐意啊！一边是皇帝辇车浩浩荡荡，一面是百姓怨声载道。号称察吏安民的乾隆非但没有真正做到安民，反而一再扰民，表面文章做得再好，也不能掩盖舆论。

每到一个地方，侍卫们都要清道，防范百姓如同防贼。虽然乾隆口口声声说自己不会回避百姓，但实际上把百姓隔得远远的，老百姓只能看到浩浩荡荡的巡幸队伍，根本没法看到乾隆长什么样。有一次，队伍经过扬州时，一个女人在城楼下面烧火做饭，侍卫们看到烟火，以为有人要行刺，立即乱箭将那名无辜的女子射死。

人之将死其言也善，乾隆晚年时总结南巡说：“朕在位六十年，并没有什么失德的地方，只有六次南巡，劳民伤财，好处不多，坏处不少。”

为此，乾隆对军机章京吴熊光说：“将来如果有皇帝要南巡，你如果不阻止，你就没脸在地下见朕了。”

嘉庆当皇帝后，有一次打算南巡，时任直隶总督的吴熊光立即出来阻止，把乾隆对自己说的话向嘉庆复述了一遍，这才打消了嘉庆下江南的打算。这么看来，乾隆好歹算一个有自知之明的皇帝。

南巡途中的故事

乾隆第一次南巡时来到扬州，富商汪如龙献给乾隆一个才艺双绝的歌妓，这个歌妓名叫雪如，歌喉如同夜莺，肌肤雪白若冰雪。得到雪如后，乾隆非常欢喜，一高兴，就赏给汪如龙二品顶戴，让他在御前当差。

汪如龙得到好处后，极大地刺激了其他人的欲望，这些人尽己所能讨好乾隆。陈阁老和雍正关系比较好，又是海宁的望族，所以此次乾隆视察钱塘江就暂住在陈阁老的家里。

乾隆第一次南巡时，陈阁老还活着，为了让乾隆住着舒服，陈阁老家人把安澜园修建得富丽堂皇，将通往家门的大道修建得平坦宽敞。乾隆到来前，陈阁老全家人在码头跪迎。

到了陈家后，乾隆对陈阁老相当亲热，当场口占诗句："老成忆告能无惜，皇祖朝臣有几人？"陈阁老全家将这首诗当成宝贝珍藏着，视为隆恩。乾隆在陈阁老家里待了四五天，花费不算小。为此，乾隆赏给陈阁老一笔库银。乾隆临走前对陈阁老说："朕走以后把安澜园的大门封上，以后若非天子临幸，这门不可以再开。"

陈阁老自是满口答应。

乾隆在南巡的路上喜欢微服私访。一天晚上，他带着两个随从来到一个村子里，忽然下起了大雨，乾隆便敲门投宿，结果那个住户理都没理他。乾隆也不生气，只好去敲另一家的门。没想到这一家养着一条狗，乾隆还没走进院子里，狗就狂吠不止。听到狗叫，这家人以为有贼，拿着棍棒冲出来，把乾隆和两个随从狠狠揍了一番。两个随从想说"你们敢打皇上"，乾隆示意别让他们说。

乾隆只能大喊救命了。这时走来一个白发老者，老人阅历颇深，一看乾隆就知道不是寻常人物，此人气度不凡，显得尊贵威严，即使被人痛打，也流露出不凡的气概。老人说："此人仪表堂堂，肯定不会是盗贼，你们快放了他。"

乾隆对老人说，自己是山东人，出生于书香世家，特来江南看望表哥，不巧下雨了，无处避雨，所以才到这里来投宿。

老人一听，便让乾隆住在自己的家里。老人有两个儿子，长子三十多岁，职业务农；小儿子二十多岁，读了几年书，人很机灵。当晚，乾隆就与老人的小儿子睡在一起。两人相谈甚欢，乾隆从他口中得知了许多民间趣事，各地的风俗习惯，以及老百姓的生活状况。

第二天，乾隆临走前送给老人一块白玉。老人推辞不受，乾隆便把白玉送给了老人的小儿子。几天后，乾隆以皇帝的身份拜访老人家，并给他的小儿子赐名“奇逢”，还带他去京城上学。村里其他人听说这个人是乾隆，都非常吃惊，那几个打过乾隆的人非常害怕，没想到乾隆一笑置之，并没有追究他们的责任。

还有一次，乾隆巡游，百姓们想瞻仰一下皇帝的尊容。乾隆听说后，便恩准了，从坐辇上走下来，来到百姓中间。一个百姓激动地喊乾隆为“皇帝老爷”，侍卫一听，认为这个人大不敬，准备把他拿下治罪。乾隆本人对这个称呼倒也没在意，只是觉得有些奇怪，便问随从。一个大臣说：“南方的百姓愚昧啊，不识大体，他们往往把上天称为天老爷，把大地唤作地老爷，什么神灵都称老爷。”

乾隆哈哈大笑，知道这个百姓并无恶意，便让人释放了他。

来到扬州时，乾隆还光顾了史可法祠堂，当着大家的面称赞史可法是一个忠心耿耿的爱国将领，并赐史可法“忠正”二字。乾隆亲自为史可法题了一首诗，当时乾隆身边有人提出疑问：史可法是因为抗清被豫亲王多铎杀的，赞扬他是不是有点不合适？

乾隆回答：为人臣者当然是各为其主，史可法虽然反抗我大清，但是他为国尽忠的精神还是值得大家学习的，做臣子的节操最为重要。

有一次，乾隆路过山东济宁，当时恰好济宁出现了灾情。知州颜希深开仓放粮，赈济灾民，不想因此耽误了接待乾隆这样的大事。和珅很生气，让人把颜希深的家人抓过来审问。颜母解释说，河工出了问题，灾民汇聚济宁，非常可怜，我儿自作主张，开仓赈济百姓，所以耽误了圣驾。

太后钮祜禄氏看颜母回答得入情入理，对乾隆说："颜希深虽然于礼节有亏，但情有可原，应该赦免他。"

后来，太后又对乾隆说："颜母是一个贤母，她的儿子肯定是一个好官。"乾隆点头称是，不久便把颜希深提拔为河南巡抚。

乾隆六下江南留下了太多奇闻逸事，六下江南虽然劳民伤财，但不能不承认这对于文学艺术还是起到了一定的作用。

问君做了多少事？

六次南巡乾隆五次视察黄河和淮河，四次视察钱塘江工程，也不是一点实事也没干。

黄河最主要的问题是泥沙淤积，导致水位上涨，对周边各省的人民造成很大的危害。到了清朝，黄河决堤的问题更加严重。淮河也是这样，经常发生水患。

乾隆四年（1739年），黄河发生水患，安徽十五个州县受灾；乾隆六年（1741年），水患淹没了江苏、安徽二十八个州县；乾隆七年（1742年），淮河决堤，百姓逃难；乾隆八年（1743年），淮河再次发大水；乾隆十一年（1746年），黄河和淮河同时发大水；乾隆十五年（1750年），安徽再次遭受洪灾……

第一次南巡时乾隆到洪泽湖视察工程，他发现黄河大堤只有三座大坝，到了涨水季节，洪湖水位就会上涨，如果疏导不及时，就很容易酿成水灾。乾隆亲临大坝边上，采纳了河道总督高斌的建议，增修两座大坝，将这五座大坝命名为“仁”“义”“礼”“智”“信”。以后，当水位上涨，就分别从五座大坝中放水，一定程度上保证了黄河大堤和下游的安全。

乾隆前两次下江南并没有视察海塘工程，但后面四次都去了。到了钱塘江岸边，乾隆跟治理钱塘江的官员们交流，广泛吸纳各种意见，亲自指导海塘工程的建设。

在治理河工的问题上，乾隆的努力还是值得肯定的。

南巡途中，乾隆还进行了“路边招聘”，沿途他会接待一些读书人。乾隆表示扩招童生，增加江苏、安徽、浙江三省的童生名额。有不少读书人向乾隆献诗，乾隆觉得这是一个选拔人才的好机会，便决定自己出题，考考这些人，表现出色的就让他们做官。还别说，这种路边招考，还真选拔出了不少人才，后来这些人有的成了封疆大吏，有的成了朝廷重臣。

乾隆做得最实惠的一件事莫过于减免钱粮。乾隆规定，凡是自己经过的州县，免去当年钱粮的十分之三。若是受灾的地方，则免去一半。对于安徽、浙江、江苏三省拖欠的银两，乾隆也下令减免或全免。

六次下江南，乾隆总共免去百姓钱粮高达两千万两银子。乾隆知道，这是笼络百姓的最好办法，只喊口号是没用的，百姓得到了实惠，自然大呼皇帝圣明。除此之外，一路上乾隆还赦免了一些犯人，同时尽量避免随行人员踩坏农作物，这些也是值得肯定的。

该做的事情要做，该玩的也要玩，乾隆是一个做事享乐两不误的皇帝。下江南的路上，乾隆游遍山山水水，经过直隶卢沟桥时，乾隆在石碑上题写了“卢沟晓月”四字。到良乡县的弘恩寺时，乾隆被这里的景色迷住，寺庙里古木葱郁，环境清幽，是修身养性的绝妙处所。乾隆留恋此地久久不愿返回，写下了好几首优美的诗篇。

在山东，乾隆登泰山，拜孔庙，访晏子祠、玉皇庙等名胜古迹。到了江南，游玩的地方就更多了，这些名胜古迹和园林风景美不胜收，乾隆沉醉其中，身心愉悦。游嘉兴南湖时，乾隆写下了一首诗《烟雨楼》：

春云欲泮旋濛濛，百顷南湖一棹通。
回望还迷堤柳绿，到来才辨榭梅红。
不殊图画倪黄境，真是楼台烟雨中。
欲倩李牟携铁笛，月明度曲水晶宫。

从乾隆的诗作中可以看出，畅游江南带给他许多快乐。想想也是，紫禁城虽然盛大恢宏，但是和江南美景相比，还是显得太单调了。

第九章 天子也风流

此时，乾隆的心里充满了寂寞与哀伤，作为一个皇帝，他享有至高无上的权力。但是面对命运的力量，他发现自己是那么无力。

问君能有几多愁？恰似一江春水向东流……

贤后一去不复返

乾隆与康熙有一个共同点：他们与原配的感情都非常好，虽然是父母指婚，但情深意笃，两情长久。康熙与乾隆一生最爱的都是自己的第一位皇后。

乾隆的挚爱是富察氏孝贤皇后，可惜自古红颜多薄命，孝贤皇后三十多岁便猝然离开人间。富察氏是满洲镶黄旗人，察哈尔总管李荣保的女儿，协办大学士傅恒的亲姐姐。富察氏是雍正钦点的儿媳妇，婚后与乾隆的感情很好，两人相敬如宾，非常恩爱。

婚后第二年，富察氏就为乾隆生下了一个儿子，雍正对这孩子非常喜欢，亲自为他取名为“永琏”，大有希望他延续帝国大业的意思。

乾隆继位后，服完二十七个月的孝期，便册立富察氏为皇后。应该说，对这个皇后，乾隆是非常满意的，在乾隆心中，富察氏就是长孙皇后那样的贤后。自古婆媳关系最难处，但富察氏与太后的关系相当好。有了这样一个贤内助，后宫之事完全不必乾隆操心了，所以乾隆说自己之所以全心致力于国事，军功章上有富察氏的一半。

明君贤后，还有聪明的太子（乾隆很早就将永琏密定为储君），一切看起来是那么完美。可惜世事难料，乾隆三年（1738年）十月，一个巨大的打击降临到乾隆和皇后头上——永琏因病医治无效去世。这夫妻俩悲痛万分，乾隆悲哀已极，以太子的礼仪安葬永琏，并公布了永琏的身份为密定继承人。

幸运的是，乾隆十一年（1746年）四月初八，孝贤皇后又为乾隆生下了永琮，乾隆大喜，再次将永琮密定为继承人。然而，灾难再次降临到这对父母身上——永琮不满两周岁就因出痘而亡，这对乾隆是一个巨大的打击。孝贤皇后一病不起，乾隆勉强振作，以太子礼仪安葬永琮。

祸不单行，这时钦天监报告天有异象，有一颗“客星”出现在离宫六星之中，这预示着中宫皇后可能有难。乾隆听了大惊，自我安慰说，这可能是说皇后痛失爱子吧！

十多天后，客星消失，皇后的病也逐渐好了起来。乾隆放心了。

不久就是东巡的日子，届时乾隆将带上太后去祭拜泰山和孔庙。要不要带上皇后呢？乾隆想皇后身子刚好，还是留在宫里养病吧！不过，皇后执意要去，说自己在病中梦到了碧霞元君，此去就是为了还愿。乾隆答应了她。

尽管如此，乾隆却总是觉得不安，一种不祥的感觉笼罩在他心头。东巡前几天，他心烦意躁，写下了二十首小诗排遣内心的烦闷。其中有一首小诗叫《一去无还意》：记得分离日，相期不日还；如何一契阔，长此望边关。

这些诗句完全是不经意间写出来的，写完后，连乾隆自己都感到诧异。他不明白自己怎么会写出这么哀伤惨绝的诗，想到这里他的内心更加压抑了。

东巡之旅终于开始了。到山东后，乾隆等人先去曲阜祭拜孔庙。接下来便是爬泰山了，一路上看不出皇后有什么异样，她的精神似乎很好。此去泰山，皇后重点拜访的一个地方是碧霞宫；乾隆和皇后在那里伫立良久，仿佛都被一种无言的情绪笼罩，久久不忍离去。

在前往济南的途中，皇后突然病倒了。乾隆想让她在济南府养病，皇后却不愿因此耽误了国事，让乾隆早日启程回京。旅途颠簸，皇后病体如何受得了。到德州时，皇后已经快不行了，当乾隆赶到她身边时，皇后已经闭上了双眼。

此时，乾隆的心里充满了寂寞与哀伤，作为一个皇帝，他享有至高无上的权力。但是面对命运的力量，他发现自己是那么无力。

问君能有几多愁？恰似一江春水向东流……

乾隆提笔，书写满腔的愁怨：

恩情廿二载，内治十三年。

忽作春风梦，偏于旅岸边。

圣慈深忆孝，宫壶尽钦贤。

忍诵关雎什，朱琴已断弦。

孝贤皇后是乾隆一生中最爱的女人，如果她没有这么早去世，乾隆应该不至于变成一个风流天子。

尽管乾隆对孝贤皇后如此深情，关于她的死还是留下了许多传言。

比如，有人说孝贤皇后是跳河自尽的，这是《清朝野史大观》的说法。书中记载，乾隆喜欢上了傅恒的夫人，经常跟她私通，最后被孝贤皇后察觉，两人经常为此争吵。一次，吵翻了脸，孝贤皇后颜面扫地，跳河自杀。

这些传言无非是为了抹黑乾隆，孝贤皇后的真正死因是感染风寒。乾隆与她的感情很好，真正对她精神造成沉重打击的是两个爱子去世。

红颜未老情已绝

乾隆的第二任皇后是乌拉那拉氏，我们在前面已经简单介绍过她。那拉皇后的出身远不如孝贤皇后高贵，我们可以从正史的记载中推断出，那拉皇后人品还是不错的，但是性格非常倔强。乾隆并不想册立她为皇后，他不想任何人取代富察氏，但太后执意如此。乾隆的母亲也算是一个贤母，由此可以推断，那拉氏也是个贤惠的女人。

那拉氏当上皇后后，乾隆对孝贤皇后的思念变得更加深切。说实话，乾隆并不了解这个皇后，等他了解了，便开始对她厌恶。我们可以推测，太后也不了解那拉氏。那拉氏表面上温柔贤惠，其实骨子里非常刚硬，从后来发生的事情中我们可以得知这一点。皇上就算有些花心，也不至于剪发，要咒皇帝死啊！

从表面来看，那拉皇后即使比不上孝贤皇后，也差不多了。但在乾隆心里，他深深明白那拉皇后表面和顺，灵魂深处却有一种排斥人的东西，用现在的话来说便是“犀利”，她缺乏女人天性中如水的柔性。乾隆是个感情非常细腻的人，他敏锐地感觉到那拉氏虽然对自己非常好，但其实对自己并没有体贴入微的真情。

所以，乾隆无法从内心深处接受这个皇后。如此一来，自然会疏远这个皇后。看到乾隆经常往其他妃子那里跑，她醋意翻滚，对乾隆极为不满。

那拉虽然执掌后宫，但心里的委屈真是一言难尽。那拉时氏常在中宫垂泪，不过她天性不是一个软弱的女子，然而面对至高无上的真龙天子，难道她能反抗吗？她反抗的唯一方式就是向太后诉苦。太后自己就是忍过来的，想当年雍正对这个太后是非常冷落的。太后告诉那拉："我们做女人的，就这种命，忍吧，好歹你已经是皇后了，如果将来你的儿子当上了皇帝，你就跟我一样，可以做个尊贵的太后。"

话虽如此，那拉氏却不是那种逆来顺受的人，她不服，她想反抗命运。她受不了看到乾隆处处留情，她要发泄，表达自己对乾隆的不满。

那拉氏就像一座火山，终有一天会爆发的。

乾隆三十年（1765 年），乾隆第四次南巡，那拉氏一同前往。到了美女如云的杭州时，火山终于爆发了。

二月十八日，乾隆忽然下旨让福隆安提前护送那拉皇后回京，并在皇宫中软禁起来，理由是皇后发疯病了。

皇后怎么会无缘无故发疯病呢？根据宫中流传的消息，其实那拉氏哪里有什么疯病，不过是冲撞了乾隆，乾隆教训了她一顿，她哭着跑到太后面前，恳求到杭州尼姑庵出家。太后不答应，好言好语安慰那拉氏。这位倔强的皇后哪里听得进去，她居然满脸疯狂的表情，拿出剪刀，将一头青丝剪去。根据满洲的风俗，女人随意剪发是大忌，是咒夫君死的意思。

那拉氏为什么突然做出这种疯狂的举动？正史中没有记载，也不可能记载，事关乾隆的声誉。相对来讲，野史的记载比较真实一些。乾隆到杭州后，沉溺于美酒声色中。那拉氏气不过，跑到乾隆面前，以“劝谏”的名义含蓄地批评了乾隆。乾隆大怒，大概说了什么难听的话。那拉氏彻底被激怒，指着乾隆的鼻子大骂，乾隆盛怒之下对那拉氏拳脚相加。

众目睽睽之下，当着那群下人的面，乾隆如此羞辱自己，那拉氏气不过，于是闹到剪发出家的地步。野史的记载虽然不一定可信，但可以肯定的是在这次南巡过程中，那拉氏确实惹恼了乾隆。从此以后，夫妻之情就此断绝。

乾隆回宫后，第一件要做的事就是废除那拉氏，不过这事遭到太后的强烈反对，只好作罢。尽管没有废掉皇后，但乾隆此后对她的态度只能用残忍来形容，那拉氏虽然仍然是皇后，但其实已被打入冷宫。乾隆三十一年（1766 年）五月，乾隆下令收回那拉氏的皇后册宝和娴妃册宝，也就是说虽然没有在名义上废了那拉氏，但那拉氏连个妃子都不如。

从此，那拉氏活得生不如死，在冷宫中过着极为悲惨的生活。乾隆对此当然一清二楚，但是他毫无同情之心，作为一个帝王，他有一副铁石心肠。听说那拉氏生病了，他不仅不让御医去为她诊治，还自己跑到避暑山庄去打猎。得知这一切，那拉氏最终带着无限怨恨去世。

那拉氏的悲剧用今天的话来说就是性格悲剧啊！

南国有佳人

这世界，也许会缺真情，但从来都不缺美女。

那拉氏死后十一年，一个汉族女子走进乾隆的生活。这是一个非同寻常的事件，因为根据清朝的制度，皇上是不能选汉女为妃的，江南汉女更是清廷所忌讳的，因为江南历来就是反清重地。

但这种限制是有其特定背景的，如果该汉女本是八旗后代，就不存在这个问题。譬如，康熙的母亲本是汉人之后，但由于他们早就入了八旗，根据清廷的标准，他们就属于满人。年羹尧的妹妹也是汉人，一样做了雍正的贵妃，只能说他们的血统是汉族，但籍贯是满洲。

乾隆本来是不可以立江南籍女子为妃的，但他多次下江南，难免遇上心仪的女子。事实上，根据史料所考，乾隆至少有两位江南籍的妃嫔，一个是来自扬州的明贵人，一个是来自苏州的陆常在。

乾隆四十三年（1778 年）夏天，一个叫陈济的人从扬州来到京城，这个人自称是“国舅爷”，他给内务府大臣福隆安送了一个折子。在折子里，他自称是明贵人的哥哥，现在生活无着落，希望内务府赏给自己一个差事。福隆安收到折子后，断定这人说的应该是真的，一来宫中确实有明贵人，二来冒充皇亲国戚可是死罪。

福隆安不敢擅自做主，便将此事奏闻乾隆。乾隆一看，女人的家人找上门来了，便让福隆安给两淮盐政使写封信，给他安排一个差事。接着，乾隆又想起苏州的陆常在，也让福隆安把陆常在家人的工作落实。乾隆叮嘱此事一定不能张扬，看来在宫中明贵人和陆常在是非常神秘的角色，也许连太后都不知道她们。

我们可以肯定，乾隆不可能是通过正规的程序让这两个江南女子进宫的，那么乾隆究竟是用什么手段把她们弄进宫的？

乾隆六次下江南，这两个美女很可能是江南的地方官进献给乾隆的。但这么做有违祖制，所以乾隆不可能光明正大。而且，乾隆也知道，自己的榜样康熙也做过同样的事情，既然祖父能做，为什么自己就不能做呢？

据说，那拉氏就是因为江南女子跟乾隆闹翻了，乾隆要立江南女子为妃，那拉氏不同意，可能话说重了，结果酿成了一场悲剧。

我们可以肯定明贵人陈氏是个倾国倾城的美女，否则乾隆不会为了她甘冒违背祖制的风险，也不会跟那拉氏闹翻。

由于乾隆在私生活上较为放纵，以至于有人怀疑嘉庆的母亲魏氏是一个苏州女伶；不能说这种观点完全是臆想，但是找不到充足的证据。

乾隆是一个非常风流的天子，素来喜欢怜香惜玉，江南美女婀娜多姿，自是乾隆一大爱好。所以，在乾隆的私生活中，时常伴随着江南美女的身影。

神秘美女香妃

自从《还珠格格》红遍大江南北，观众们就知道了香妃。电视里演绎得特别有意思：香妃身上有一种奇异的体香，能够招蜂引蝶。其实早在1940年就有一部名为《香妃》的电影，是上海合众电影公司拍摄的。

《香妃》电影的故事是这样的：回部的酋长布那敦拒绝向清廷进贡，乾隆非常恼怒，派兆惠前去征剿，第一次征剿失败了。但兆惠给乾隆带来一个消息，布那敦有一个风华绝代的女子名叫沙天香，人称香妃，这位佳人生来有一股体香。这么一来乾隆更加心痒，派遣兆惠率领十万大军第二次征讨回部，要求兆惠把香妃带回来。这一次，兆惠打败了布那敦，终于把香妃带了回来。乾隆看到香妃，立即堕入爱河。但是香妃对乾隆没有爱意，她心里只有布那敦。乾隆为了取悦香妃，在宫中模仿回疆的建筑修建宫殿。香妃虽然感动，却始终不能把自己交给乾隆，而且她经常带着一把匕首在身边，以防乾隆用强。太后听说香妃经常带着一把匕首，担心乾隆受伤，便趁着乾隆外出的时候把香妃赐死。等乾隆赶回来时，香妃已经咽气了。

1915年，北京故宫古物陈列馆中展览了一幅身着戎装的女子画像，主办方为画像取名为《香妃戎装像》。画中一个漂亮的女子内穿红衣，外披铠甲，手持佩剑，一副英武美丽的样子。据说这幅画出自宫廷画家郎世宁的手笔，画中人物便是传说中的香妃。

画像下面还有备注《香妃纪略》:“香妃者，回部王妃也，美姿色，生而体有异香，不假熏沐，国人号之曰香妃。或有称其美于中土者，清高宗闻之，西师之役，嘱将军兆惠一穷其异。回疆既平，兆惠果生得香妃，致之京师。帝命于西内建宝月楼居之……”

《香妃纪略》虽然有打广告的嫌疑，但是白纸黑字写得这么明白，连香妃住的地方都给出了具体地址，让人不得不信啊！这个展览一出，香妃的故事就很快传遍了京城的大街小巷。各种小说、戏剧、影视在这个基础上大加发挥，香妃的故事在海内外流传。

在《香妃纪略》中提到了香妃的住处宝月楼，还有模仿回疆建筑的回子营，以及乾隆为香妃修建的浴德堂（专供香妃沐浴之用）——这些地方都是真实存在的，所以关于香妃的说法才如此蛊惑人心。但是根据清史学家孟森等人的考证，香妃并没有这么神秘，很多故事都是人们添油加醋编造的。

根据孟森的考证，宝月楼跟香妃没有半点关系，是乾隆在瀛台和皇城之间设置的一个屏障。瀛台周围风景宜人，春夏之间乾隆喜欢到这里赏玩，但是瀛台和皇城之间没有屏障。

乾隆如果站在瀛台上看风景，长安街上的老百姓能够看到他。作为一个皇帝，当然不希望自己的私生活暴露在老百姓面前，所以乾隆下令修建宝月楼挡住外面的视线。

那么回子营又是怎么回事呢？回子营是为回人而建的，是为那些前来觐见和投诚的回人建的，并不是为一个女人建的。

这个浴德堂也完全不是什么洗澡的地方，浴德堂早在元代就存在。如果浴德堂是香妃洗澡的地方，那么她就要经过外殿，在众目睽睽之下去浴德堂沐浴。而且，浴德堂旁边就是武英殿，武英殿是修书的地方，大臣们经常在这里出入。香妃到这里洗澡，还不被大臣们看个够。所以，孟森说，就算乾隆是个淫乱昏聩的皇帝，也不会做出这种愚昧的事情，让自己的爱妃到朝堂旁边去洗澡。乾隆是一个非常注重脸面的皇帝，而且也是一个很精明的皇帝，不可能做出这种蠢事。

如此，我们倒要问问了，画中的这个女人到底是不是香妃呢？

这幅画以前是保存在承德避暑山庄的，画像的原名是"美人画像"，并没有说是香妃。主办方为了造成新闻效应，故意把画中的这个女人说成是香妃。如果画中的这个女人不是香妃，又会是谁呢？说实话，还没人考证出来她究竟是谁，有可能并不是哪个具体的人，仅仅是一幅画而已。从乾隆的家庭来看，画中人很可能是嫁给和珅儿子丰绅殷德的十皇女，固伦和孝公主。十公主天性有英豪之气，喜欢舞枪弄棒，经常跟着乾隆到木兰围场狩猎，骑射技术可能比乾隆还好。乾隆晚年因立储之事伤透脑筋，曾经半开玩笑地对十公主说：“如果你是男儿，朕一定把皇位传给你。”

香妃的故事固然传得沸沸扬扬，但历史上是否真有其人呢？

根据孟森的考证，香妃的原型还是有的，只不过远远没有传说那么神奇，实际上是乾隆后宫里非常普通的妃子。

这个女人来自回疆维吾尔族，是和卓的后裔，进入后宫后封为贵人，后来晋封为容妃。她身上没有体香，也没有被太后赐死，长得虽漂亮，但远远称不上风华绝代。容妃比乾隆小二十三岁，两人感情好不好呢？

我们先来看看容妃是怎么进入乾隆后宫的。容妃是在回疆叛乱之前进入乾隆后宫的，回部曾经受准噶尔奴役和骚扰，是乾隆帮助回民击退准噶尔的。事实上，容妃进入乾隆后宫也是一次政治联姻。传闻说香妃被乾隆大军掳来，这是不对的。传闻还说香妃被太后赐死，这就更不对了。太后逝世十一年后，容妃才去世，难道太后在黄泉之下也能把容妃赐死？

容妃入宫后，跟乾隆的关系还是非常不错的。乾隆对这位年轻的妃子很宠爱，不仅尊重她的生活习惯，也尊重她的宗教信仰。乾隆出巡的时候经常把容妃带在身边，如果我们给乾隆的爱情指数弄个排行榜，最爱的肯定是孝贤皇后，容妃和嘉庆生母令妃究竟谁排第二谁排第三，估计乾隆自己都弄不清楚。乾隆对江南女子的喜欢更多是一种风流，还没有上升到灵魂之爱的层面。

容妃与乾隆相处了三十年，在乾隆五十三年（1788 年）四月十四日去世，终年五十五岁。容妃死后，葬在清东陵。但是在新疆喀什也有一个香妃墓，这是怎么回事呢？其实，这又是好事者编造的，这并不是什么香妃墓，而是和卓家族墓。这座坟墓在崇祯时期就已经有了，是容妃的外祖父为自己的父亲修建的。

香妃一事告诉我们，要了解历史决不能听信传言，故事由于年代久远是最容易以讹传讹的。

福康安真是乾隆的私生子吗?

清朝末年广为流传的《清宫词》中有这样一首诗，含蓄地透露了乾隆与福康安的非正常关系，我们来看看吧：

家人燕见重椒房，龙种无端降下方。

丹阐几曾封贝子，千秋疑案福文襄。

应该如何去读这首诗呢？“燕见”就是“宴见”，也就是说乾隆通过宴会认识了傅恒的夫人，两人产生了情丝，遂在宴会之后偷情，而福康安就是他们偷情的果实。因为这层原因，福康安生前封贝子，死后追赠为郡王。

乾隆老婆孝贤皇后是傅恒的姐姐，福康安应该叫乾隆一声姑父，姑父怎么会变成了父亲呢？我们知道，有清一代，有异姓不封王的规定，像吴三桂这种是特殊情况，他们在清朝开国时候立下了巨大功劳，当时的清廷不得不笼络和妥协。自康熙以后，臣僚中就没有异性封王的例子，福康安却是一个例外，难怪有传言说福康安是乾隆的私生子。

很多小说家都采用了这个说法，譬如金庸在《书剑恩仇录》里就写到福康安是乾隆的私生子，高阳在《乾隆韵事》里也大肆渲染乾隆与傅恒夫人的暧昧之情，二月河在《乾隆皇帝》中也描写了这段韵事。甚至历史学家蔡东藩在《清史演义》中也用小说笔法描写乾隆和傅恒夫人的风流之事，蔡东藩也怀疑福康安是乾隆的私生子，但苦于没有确凿的证据，便写下了这样的话：“福康安是傅恒的儿子，乾隆皇帝非常眷爱。”

蔡东藩把结论交给读者自己去下，但这绝不是一件容易的事情。首先可以肯定的是，乾隆确实对福康安非常恩宠，但这并不足以证明福康安就是他的私生子。福康安出生于乾隆十九年（1754 年），自幼被带进宫，由乾隆亲自抚养。乾隆对福康安像亲儿子一样，福康安长大成人后，乾隆对他更为看重。傅恒去世后，福康安被提拔为户部侍郎、镶蓝旗蒙古副都统，此时福康安才十七岁。

十九岁时，福康安就带兵出征金川，这次出征，福康安的军事才能得以展现。他丝毫没有贵胄子弟的那种骄矜，上了战场非常勇猛，带领人马冲锋陷阵，攻克敌寨几百座，立下了赫赫战功。因为这一仗，福康安被封为三等嘉勇男爵，乾隆还命人在紫光阁为他画像，在功臣排行榜中福康安名列第十三位。

从此以后，福康安在战场上的表现一次比一次出色。乾隆四十九年（1784 年），福康安平定甘肃回民起义，晋封为嘉勇侯。乾隆五十二年（1787 年），福康安平定台湾的林爽文起义，晋封为一等公。一等公是为人臣者能够享受的最高待遇，宗室以外的大臣能得到的最高爵位就是一等公。乾隆五十六年（1791 年），福康安击败廓尔喀军队，并打到敌人的首都，迫使他们开门投降，对清廷称臣纳贡。这一战打得相当漂亮，乾隆想封福康安为王，但是转念一想，觉得不太合适，富察氏已经隆盛无比，如果异姓封王，难免会树大招风。

事实证明，福康安在军事方面有杰出的才能，在作战方面他几乎百战百胜。当然，福康安也有很多缺点，譬如他非常奢侈，花钱如流水，这一点在打仗中也不例外。他往往大手一挥，大方地奖励手下的有功将士，所以，福康安的军队开支特别大。

乾隆六十年（1795 年），福康安在贵州、湖南一带镇压起义，打了几场胜仗，乾隆就封他为贝子，贝子是只有宗室才能就享受到的封号。乾隆这时候封他为贝子，显然感觉到再不封，以后可能没机会了。果然，嘉庆元年（1796 年），福康安在行军途中感染瘴疠，发病而死。

得知福康安的死讯，乾隆悲痛万分，追封福康安为嘉勇郡王，谥号文襄，配享太庙。乾隆爱屋及乌，将傅恒也追赠为郡王。

乾隆自己并没有讳言与福康安的亲若父子的关系，有人便猜测是不是他们真是父子啊！乾隆厚待福康安究竟是出于“私心”还是“公心”，如果是因为福康安战功赫赫而给他封王，那么这是可以理解的。很快，人们就发现了这样一个问题。乾隆虽然恩宠福康安，却没有把自己的女儿嫁给他。傅恒的四个儿子有两个娶了公主，为什么不把福康安招为额驸呢？是不是因为他有皇室血统？

乾隆有两个公主比福康安小四岁，但乾隆没有把她们许配给福康安。而且，乾隆在傅恒葬礼上写了一首悼亡诗，诗中有“汝子吾儿定教培”，乾隆这不是明摆着告诉世人自己跟福康安的关系非比寻常吗？

乾隆对福康安比亲儿子还亲，但这并不能成为福康安是乾隆私生子的证据。就像后来乾隆宠信和珅，难道和珅就一定跟乾隆有不正常的关系？

乾隆深爱着孝贤皇后富察氏，对于她的家族感情很深，福康安作为这个家族后起之辈中的优秀人才，乾隆自然非常欣赏和喜欢。孝贤皇后去世后，乾隆任命傅恒为保和殿大学士、首席军机大臣；傅恒死后，乾隆将对富察家的恩宠转移到福康安身上，这一点都不奇怪。

从现有的史料看，乾隆和傅恒夫人并没有特殊的关系。傅恒夫人临死之时，福康安正赶往广西，处理缅甸事务。福康安非常希望见母亲最后一面，乾隆以国事为重为理由，不让他们母子见面。试想，如果福康安真是乾隆和傅恒夫人的私生子，乾隆不至于这么绝情吧！

再看乾隆那句“汝子吾儿定教培”，这句话其实是说把傅恒的儿子当成亲儿子一样对待，说白了乾隆还是难以化解对孝贤皇后的一片深情。乾隆要栽培傅恒的儿子，并不单单是福康安，只是福康安远远比他的兄弟优秀，所以乾隆才看重他。

异姓不封王是个死规定，真正操作起来并非如此，一个功臣如果确实有很大的功劳，死后被追封为王也是有的。譬如，皇太极曾追封扬古利为武勋王，康熙曾追封黄芳度为郡王。

综合所有事实，我们推测，福康安并不是乾隆的私生子。

第十章　十全老人的外交手腕

从后来的历史看，乾隆的直觉是对的，西洋人确实是中国的梦魇，不过乾隆对待梦魇的方式错了。他以为把大门关上，就能挡住一切妖魔，这实在是大错特错。制服妖魔的唯一办法就是去了解妖魔，所以最好的办法莫过于打开国门，去看看这些人到底是些什么样的人，他们到底在想些什么。

对于传教士往死里整

乾隆养了一批西洋画家，这些西洋画家原本是传教士，苦于中国政策不允许传播天主教，他们不得不寄身于宫廷，以求温饱。

乾隆刚上台的时候就曾打算缓和宗教政策，提出“禁止旗人信教，其他一概不问”的政策，郎世宁等人如获重生。

听闻宗教政策解冻的消息，在华的外国传教士们热血沸腾，感叹终于赢得了一个自由传播宗教的机会。

好景不常在，好花不常开。在乾隆十一年（1746年）六月，这朵刚刚开放的宗教之花就凋谢了。我们来了解一下那一年到底发生了什么。

这年六月二十六日，在福建省一个偏远的小县城里，破获了一起西洋传教士秘密传教的事件。神父费若望、德方济各和施方济各被拿获，这些神父犯了一个错误，乾隆说只管旗人信教，不管其他人信教，并不表示同意传教士们传教，他只说信教不犯法，没说传教也不犯法。

这三个神父禁不起严刑拷打，很快就供出了福建教区的主教白多禄。白多禄是西班牙人，属于天主教的分支多明我会，奉罗马教皇之命代理福建教区。

不幸的是这些传教士落到了福建巡抚周学健的手中，周学健是个极端仇视洋教的人。他把这些传教士关起来，严刑拷打，希望罗织出更多更大的罪名，然后奏请乾隆对洋教实行严酷的政策。周学健对这些人严刑拷打，传教士们细皮嫩肉怎么禁得起这样的酷刑，纷纷就范。

周学健引经据典，细数洋教的危害，请求乾隆将这些人正法，以此彰示国法，弘扬圣人之道。乾隆犹豫了，当时福建有两千多教徒，把他们全杀了难免会引起国际舆论对自己的不满，虽然乾隆没有很强的国际意识，但这个道理还是懂的。杀人不可以杀太多，杀一两个典型就够了，能起到震慑作用。乾隆最后决定，先将白多禄斩立决，以观后效。

费若望等四个传教头目被判“死缓”，到了第二年秋还是“死缓”，根据我们的经验，他们应该是可以逃过一劫了。如果没有意外，他们确实可以逃过一劫。

可意外偏偏发生了。乾隆十三年（1748 年）初，在菲律宾吕宋的天主教会要求归还白多禄的遗体。乾隆听说此事，立即警觉起来，这事怎么传到菲律宾去了？看来天主教确实很恐怖，消息传得这么快，组织必然很严密。

这一事件也让四名羁押在狱中的传教士命悬一线，乾隆指示福建海关要严禁内地民众跟吕宋一带的天主教徒往来。这年秋天，乾隆下了命令，将费若望等四名传教士秘密处决。乾隆下这个命令甚至都没有通知军机处，四人被处决后，报告是：四人在狱中正常死亡。

乾隆的阴毒由此可见一斑，对外国人是这样，对中国人更是这样。

天下没有不透风的墙，这件事还是传了出去，当时教徒们并没有想到幕后杀手就是乾隆，或者想到了也不敢直接指出来。

福建教难发生后，很快就蔓延到江苏。在江苏传教的意大利人谈方济和葡萄牙人黄安多均被捕入狱。乾隆指示江苏巡抚安宁根据福建教案来处理，也就是说秘密处决，然后再上一个“狱中正常死亡”的报告。

此后不久，教难就蔓延到全国，传教士们要么被杀，要么被驱逐。总之，传教士们感到，乾隆的政策比康熙和雍正的更严酷。当时，教徒们都认为这场教难的罪魁祸首就是周学健，巧的是周学健不久也因为违反禁令和贪污受贿落马，被乾隆赐死。教徒们纷纷称之为“天主的惩罚”。

乾隆并没有把天主教看成是白莲教那样的邪教，但是对洋教始终保持着高度警惕。在乾隆看来，尽管洋教现在不是邪教，但很有可能蜕变成邪教。所以，乾隆对于洋教是很不宽容的。

来自大洋彼岸的梦魇

乾隆没有去过欧洲，不了解西洋人，但传教士们说的上帝魔鬼、天堂地狱这些东西，他还是很清楚的。我们不知道这些东西在他心底唤起了什么样的感觉，但可以肯定的是他一定觉得这些洋人有些疯狂，再联想到从欧洲引进过来的红衣大炮，凭直觉，他觉得这些人是潜伏的危险分子，应该抵御。

从后来的历史看，乾隆的直觉是对的，西洋人确实是中国的梦魇，不过乾隆对待梦魇的方式错了。他以为把大门关上，就能挡住一切妖魔，这实在是大错特错。制服妖魔的唯一办法就是去了解妖魔，所以最好的办法莫过于打开国门，去看看这些人到底是些什么样的人，他们到底在想些什么。

就在福建教案爆发之时，一个躲在安徽和湖北交界处的山林里烧炭的年轻人，莫名其妙地产生了反清的念头。这个年轻人叫马朝柱，生活非常辛苦艰难，看不到理想，青春对他来说似乎是一场悲剧。没有出路，他于是想到了反清，他经常跟白云庵里的和尚聊天，讨论如何推翻清王朝。

马朝柱夸口说自己在十六岁时做过一个梦，根据梦的指示，自己似乎有九五之命，而且这个帝王师就在护国寺里。白云庵的和尚告诉他，白云庵以前的名字就叫护国寺，莫非……

后面的事大家可以想象到了，造反之前先要造势。马朝柱忽悠了一大批人，联想到当时清廷正在镇压西洋传教士，马朝柱告诉大家，明朝后裔朱洪锦现在正在西洋，还有大学士张廷锡和大将吴承云等人支援自己。张廷锡是张廷玉的弟弟，马朝柱说张廷玉跟乾隆闹翻了，待在家里想造反。还说吴承云是吴三桂的孙子，准备继承遗志，起兵反清。

乾隆十五年（1750 年），马朝柱宣扬说朱洪锦很快就在西洋起事，准备光复明朝。马朝柱打着西洋的旗号造反，多少还是有些创造力的，从乾隆镇压传教士的行为中，马朝柱看出乾隆对西洋人的恐惧心理，所以便将明朝后裔和西洋人联系在一起。

起义最后被血腥镇压，但马朝柱却神龙见首不见尾，不知道跑到什么地方去了，有人猜测他可能渡海去了西洋。这件事对乾隆刺激很大，重要的不是叛乱，而是叛乱与西洋人的关系。如果西洋人在幕后支持这些叛乱，大清的统治将岌岌可危。

乾隆下令在全国对马朝柱进行搜捕，乾隆认定这个人肯定跟洋人勾结，如果没有海外背景，断不至于这么猖狂。乾隆对马朝柱下了通缉令，然而连马朝柱的影子都没看到，搜捕了二十年，始终找不到这个神秘人物的行踪。

越是找不到，越容易产生不着边际的幻想。乾隆觉得西洋人实在太危险了，这些藏在暗处的妖魔随时会跳出来，扑向大清国，将大清国撕得稀巴烂。乾隆也知道，在自己登基的第五年，荷兰人在印尼屠杀华侨，一万多华侨被杀，时人称之为“红溪之役”。从郎世宁这些宫廷画家的背后，乾隆看到了不一样的西洋人，如果说郎世宁是天使，那么，还有魔鬼躲在暗处。

洪仁辉事件

乾隆二十年（1755 年）四月，一艘外国商船靠近宁波港口。浙江水师前去拦截，发现船上有五个西洋人，其中一个人用半生不熟的中国话说：“我……系洪仁辉……英吉利人……”

洪仁辉说他们是想到宁波做生意的，进一些茶叶和蚕丝到欧洲去卖。水师提督武升进很高兴，因为这意味着一个捞油水的机会到了。武升进立即向乾隆奏报，说这些洋鬼子感服圣恩，千里迢迢来这里经商，带来了许多银元和洋酒，还有四十多名汉人水手，这些水手都没有发辫。

乾隆毕竟是作为帝王的最高统治者，他对洋酒银元都没兴趣，也没兴趣跟这些洋人交流，倒是对四十多名没有发辫的水手非常警惕。这些汉人模样的人怎么会没有发辫？他们到底是中国人还是海外华侨，这事一定得查清楚。如果这些汉人是中国人，那可是抄家灭门的大罪。后来查明这些人是外国人，乾隆悬着的心才放下。

乾隆一看没大事，便让武升进好好招待那些洋人。结果，这些洋人满载而归，把中国的商品带回国内，大发洋财。第二年，他们又来了，不过这次船只要大得多，带来的货物也多得多，水手有一百三十多个。这次，洪仁辉担任起了翻译，中文水平似乎也有所提高。

这一次，乾隆警惕起来了，他感觉到这些西洋人的野心。虽然当时他并不知道这些人的野心是什么，其实现在我们知道是发财，但乾隆更多的是从“维稳”的逻辑来看问题的。

于是乾隆开始找这些洋人麻烦：本来外国商船只能在广州、澳门等港口通商，从来没有到宁波的，这些洋人想把宁波开辟成一个港口，这事本来没有什么不好，但长期下去，滞留在内地的洋人会越来越多。

乾隆并没有直接把洋人轰走，而是指示两广总督杨应琚提高关税，最后关税比广州、澳门等地提高了一倍。

提高关税并没能把这些洋人撵走，他们反而继续在这里经商。这是怎么回事呢？这些洋人为什么不在广州通商呢？其实，洋人真正怕的不是提高关税，而是各种各样的陋规。广州那边陋规太多，各级官员敲诈勒索，搞得洋人的生意做不下去了。在宁波，陋规少，采购也更方便，成本价大大降低，虽然关税提高了，但实际利益更大。

浙江巡抚杨廷璋把这些情况如实地禀报给乾隆，没想到乾隆居然做出了一个让人意外的决策，他决定开放浙江为通商港口，允许外国人到这里贸易。本来这是一项符合发展潮流的政策，也是一项利国利民的政策，但很快就终止了。

皇帝的一个特征是喜怒无常，乾纲独断，所有事情都凭自己的主观意识办事。几个月之后，乾隆就宣布所有外国商船只准到广州港口通商。英国方面认为这是广州地方政府蛊惑皇帝的结果，广州地方政府想独占对外贸易的利益。

确实是这样的。两广总督杨应琚上书乾隆，为自己辩解，说广州官员并没有勒索洋商的行为，只不过是进行一些必要的限制；如果不对洋商加以限制，恐怕会埋下祸端。杨应琚的话说到了乾隆的心坎里，乾隆最怕的就是这点，一旦开放过头，洋人涌进来，不知道会折腾出什么事情。

在这一刻，乾隆的一念之差改变了历史的走向。如果中国在乾隆时代就对外开放，以后历史的发展简直是无法预料的。这虽然看似是偶然的一件事，其实一点都不偶然，乾隆是一个封建统治者，他必然有自己的思维方式。就算他对外开放了，难保他的子孙们不关闭国门。

中国再一次失去和世界交流的机会，紧紧地关上了国门。

乾隆发出这项命令后，英国东印度公司没有放弃挣扎，他们企图搏一搏，说服乾隆开放浙江港口。东印度公司选择的代表便是洪仁辉这位仁兄。

乾隆二十四年（1759 年）六月，洪仁辉驾驶着一艘小船来到浙江定海，浙江水师立即把他截住。洪仁辉身上有一封信，请求浙江官员呈给皇上。这封信的内容主要是揭露广州海关各种为非作歹的行为，浙江官员理所当然地拒绝了。他们做官这么多年，当然知道做官的一个基本准则：不要随便得罪人。

洪仁辉吃了闭门羹，本该回东印度公司好好跟同事们哭诉一番，然而他牛脾气犯了，居然将船只开往天津大沽口；在那里强行登陆，还对天津的官员说："我是英国人洪仁辉，是英国的四品官，在广东和澳门做生意，洋行的人欠我五万两银子不还。我在广州告没人理，在浙江告也没人理，所以我就到天津来了，希望你们让我进京告御状。"

洪仁辉花钱买通了许多官员，让他们把自己的案情呈奏给乾隆。乾隆收到这些奏折后，心情很复杂，一方面自己的官员贪污违法在先，另一方面这个洋人居然越海告御状，这分明是让自己这个皇帝下不了台。乾隆让股肱大臣李侍尧审理这个案子。

经过审理，判处广东海关监督李永标流放罪，外加杖打一百，李永标被革职抄家，流放三千里外。洋行商人黎光华欠钱不还也是事实，李侍尧籍没他的家产，归还给洪仁辉。案子到这里，还没有结束，对洪仁辉，乾隆是相当不满的，必须要给他教训。洪仁辉的诉状是请四川人刘亚匾写的，正好可以给他安个“勾结内地奸民”的罪名，外加违禁通商，判处在澳门监禁三年。乾隆说，这是格外施恩，否则是要判处死刑的。刘亚匾才是真的倒霉，帮人写状子，雇主没死，他倒被处斩了。

这就是洪仁辉事件。事后，乾隆对洋商态度更加恶劣，不断地往历史的反方向走。

马戛尔尼访华

乾隆五十七年（1792年）十月，两广总督郭世勋给乾隆报告了一个喜讯：英国国王乔治三世派遣以乔治·马戛尔尼为代表的七百人代表团前来给乾隆祝寿。当然乾隆八十大寿已经过去，英国人说是补祝。听到这个消息，乾隆很高兴，乾隆刚标榜完自己的十全武功，英国人就不远万里来祝贺他了，绝对是喜事。

乾隆很重视英国使团这次的来访，让各级官员准备好接待工作。乾隆之所以如此高兴是因为他完全不知道英国使团来华的目的。目的其实很简单，就是开放浙江等地的通商港口，保障英国人在华通商的权利。

其实，英国人在访华之前就大致透露了目的，但郭世勋却隐瞒了他们的意图。接到英国人的信件后，看到他们以平等的语气对天朝说话，郭世勋知道大事不好。但英国使者带来了六百箱礼物，这看上去很像是来朝贡的，一向好大喜功的乾隆对于朝贡的国家向来是来者不拒的。怎么办呢？只好圆滑一下，将英国人的信加以润色，马上就意义大变，哄得乾隆笑呵呵。

马戛尔尼出身于苏格兰贵族，是英王乔治三世的亲戚。他是一个非常精明强干的外交家，曾经担任英国驻俄国圣彼得堡公使、加勒比群岛总督、印度马德拉斯总督，他的副使斯当东也是一个才华突出的外交家。当他们得知乾隆对他们的来访很欢迎时，喜出望外。不仅如此，乾隆还破例允许他们从天津港口登陆。让马戛尔尼没想到的是，一路上他们受到了殷勤的招待，马戛尔尼等人本能地以为他们此行的目的可以顺利达成。他们完全没有料到是郭世勋从中做了手脚。

代表团到达北京时，乾隆正在避暑山庄举行八十三岁寿典。几天后，马戛尔尼带领七十多人前往避暑山庄觐见乾隆。乾隆这次接见英国使者究竟发生了什么呢？

英使埃尼斯·安德逊在回忆录中说："在伙食供应上，我们迄今是很少有理由提出异议的。关于这方面，我们所受的待遇不仅是优渥的，而且可以说慷慨到了极点。"

伙食方面没问题，那其他方面肯定是有问题了。

东西方第一次正面接触可以说是一场完全的失败，两国之间的误解是如此之深，乾隆完全无法理解马戛尔尼访华的目的。当然，我们可以说是郭世勋出了问题，故意把英国使者来访说成是进贡朝觐。但我们又不能完全怪郭世勋，他也有自己的难处，乾隆是个什么样的皇帝郭世勋是很清楚的。在和外国人打交道的时候，大多数官员都是极力粉饰，如果他们照实说话，很可能惹皇帝不开心。

第一件不愉快的事情就是礼节。乾隆本以为这些使者会对自己行三跪九叩大礼，没想到他们居然按照自己国家的礼仪，对乾隆行单膝下跪礼。根据清朝的规定，任何国家的使者觐见中国皇帝时，都必须行三跪九叩大礼，英国人自然也不能例外。

马戛尔尼却认为，英国和中国是平等的国家，所以自己只能按照英国的礼仪朝见皇帝。乾隆对此非常生气，他说即使是英国国王亲自来了，也必须行三跪九叩大礼。

马戛尔尼最后被逼得没办法，这么跟乾隆解释："一个国家使者的举止，不是他个人的行为，而是代表了他的国家。一个国家的君主不能把要求他们臣民的礼节用来要求外国使者，臣民对君主行礼表示屈服和顺从，而外国使者对君主行礼表示尊重和友谊。"

这些话对乾隆管用吗？不用想我们也知道，根本不管用。没办法，马戛尔尼此行担负重任，不得不考虑妥协。后来，马戛尔尼表示要他磕头也可以，但是有一个条件：清廷必须也派出一个大臣跟着他一起向英王的画像磕头，而且必须把这事记下来，弄个备忘录。

马戛尔尼这番话是对钦差大臣徵瑞说的，这种狂妄悖逆的话徵瑞自然不敢禀告乾隆。他如果告诉乾隆，搞不好就会弄丢乌纱帽，没办法，只好能糊弄就糊弄。后来，英国使者到了避暑山庄后，和珅知道了他们不想磕头，便劝他们还是按照中国的规则办事。然而，马戛尔尼仍然坚持说如果让他磕头，必须满足附加条件。

乾隆知道马戛尔尼不想磕头的事情后，极为生气，下令降低对英国使团的接待规格，减少给他们的物资供应，并取消对他们的一切赏赐。准备等万寿节一过，就打发他们回家。

看到谈判很有可能功败垂成，马戛尔尼只好做出妥协，我们至今不知道这种妥协到底是什么。没有任何资料证明马尔嘎尼行了三跪九叩大礼，但也不可能行的是英国礼节，很可能是某种折中礼仪，据说是九次单膝下跪。有没有双膝下跪我们就不知道了，根据管世铭写的一首诗，似乎是双膝下跪，他说英国使者本来是单膝下跪，见识到乾隆威严后，不由自主就双膝跪下了。

不管怎么说，英国使者肯定没有行三跪九叩大礼。结果我们可以想见，马戛尔尼的这次外交彻底失败，万寿节一过，乾隆就让他们打点行李回去了。

有一点我们必须了解，马戛尔尼访华的时候，英国自认为是世界上最强大的国家。当时英国的人口虽然只有八百万，但是工业革命推动了国内经济的发展，英国的军事力量和工业同步发展。而乾隆恰恰也认为中国是世界上最强大的国家，两个强国之间的接触难免会有冲突。

在英国人看来，中国是一个巨大的商品倾销市场，也是一个重要的原料产地。中国的丝绸、茶叶、瓷器等都是英国人的必需品，英国人每年要消耗一千多磅茶叶。打开中国国门，与中国自由通商是英国资产阶级的强烈愿望，其实这个愿望是互利互惠的，如果中国早日和英国平等通商，也可能不会有后来的鸦片战争。

乾隆的想法当然不一样，中国仍然处于自给自足的农业时代，就像乾隆所说的，并不需要外国的那些玩意儿，而中国卖给外国的东西却是必需品。在乾隆时代，英国的对华贸易存在着巨大的逆差。作为一个工业大国，这是英国不能忍受的，所以他们急切地希望扭转贸易逆差。这才是英国不惜花费巨资让代表团出使中国的原因。

在马戛尔尼之前，英国就派遣了查理·卡思卡特访华，可惜卡思卡特中途病逝，此行未能成功。马戛尔尼虽然到了中国，但是目的仍然没有达到。他以给乾隆祝寿的名义拜访中国应该说是找到了一个良好的切入点。

接下来，礼仪问题成为两国继续深入交流的拦路虎。这个问题说白了还是东西方文化的差异，乾隆作为一个封建君主，没有平等对待外国的习惯。

在避暑山庄，乾隆两次接见英国使者。第一次是在八月初十，副使斯当东在回忆录中说当时英国使者行的是“单膝下跪”之礼。马戛尔尼对乾隆呈上国书，乾隆显然不太高兴，把国书随手放在一边，说了一些客套话。这次见面唯一的亮点是斯当东的十二岁小儿子，这些“无礼”的使者让乾隆很不满，但小斯当东倒是相当可爱，他用中国话向乾隆祝寿。乾隆听了当即露出笑脸，还把身上的一个荷包赏给他。

第二次觐见是在八月十三日，这次觐见英国使者到底行了什么礼一直众说纷纭。马戛尔尼和斯当东等人的口径是非常一致的，回国后都说是“深鞠躬”或“单膝下跪”，都没有说行了三跪九叩大礼。但是使团中的其他成员却有不同的说法，安迪生说所有在场的英国使者都对行礼一事守口如瓶，所以他怀疑很可能其中有不可告人的秘密。安迪生当时并不在现场，这也是他的怀疑。

不管真相如何，马戛尔尼此行的任务是搞砸了。寿典一结束，乾隆就指示和珅早点把他们打发走。马戛尔尼不甘心就这么空手而归，他这次出行可是花费了巨资，还带着国家寄予他的殷切希望。

马戛尔尼找到和珅，想跟他谈两国通商的事情——这叫病急乱投医，找错人了。随后，马戛尔尼又向乾隆上书，提出两国互派使节常驻对方国家的首都，马戛尔尼表示自己很希望留在北京，同时欢迎乾隆在英国建立大使馆。

对于这种“无稽之谈”，乾隆非常不耐烦，他让和珅早点赶英国使者回家。

和珅是何等精明的人啊！他跟马戛尔尼谈话时，一一避开正题，委婉地说："特使大人离开英国很久了吧，哎，确实有好些日子了，思乡了吧！赶快回去吧，北京的冬天挺冷的。我们皇帝啊倒是很想留你们在这里多住一段时间，可惜就怕你们身体受不了。"

看到马上就要被人赶走，马戛尔尼只好亮出自己的底牌，也就是中国人所说的图穷匕见。马戛尔尼现出来的不是匕首，而是诉求，他以急促的语调告诉和珅："请贵国允许英国商人在舟山、宁波和天津三地贸易，请允许英国商人在北京设立一个货栈，以便英国人在这里经商；请在舟山海域给英国人一个不设防的小岛，让英国商人在这里居住、买卖；请允许英国人在广州享有以上的权利；请减免货物从澳门运往内地的关税；请不要让广东的官员勒索英国商人；拜托了，大人！"

和珅把马戛尔尼的话转告给乾隆，乾隆一听，火冒三丈，原来这些洋鬼子不是来给我祝寿的：骗子，骗子，一群骗子，居然敢跟我提这种要求，让他们滚回去吧，还给沿途官员打招呼，不要善待他们，让他们凄凄凉凉地滚回家。

马戛尔尼的随行人员安德逊回忆说："我们的整个故事只有三句话：我们进入北京时像乞丐，在那里居留时像囚犯，离开时则像小偷。"

第十一章　千古一病文字狱

江浙一带是文字狱的重灾区，一柱楼诗案也是发生在江南。这起冤案非常恐怖，不仅牵连了许多活着的人，还牵连到死去的人。在乾隆后期，人们提起这个案子无不心惊胆战，这个案子与康熙朝的庄氏史狱、戴名世的南山案和雍正朝的查嗣庭案，并称为清代四大文字冤狱。

吓死大臣的伪稿案

在古代，贪污受贿也许不算大事，但如果文字有问题，那可是天大的事情，清代尤其如此。什么错误都可以犯，就是别在文字上犯错，那可是要抄家灭门的。

这不，乾隆十六年（1751 年）本来好好的，莫名其妙就出现了一件让人恐怖的事情。大家知道，孙嘉淦在雍正朝就以敢于直谏闻名，应该说是一个敢于说真话的好官。当年雍正对兄弟们痛下杀手，孙嘉淦就谏言让他“亲骨肉”。雍正虽然恼怒，但细细一想，觉得这个人为官正直，值得重用，反而提拔了他。

到乾隆时期，孙嘉淦已经当上了工部尚书。本来乾隆也挺重视他的，没想到这一年发生的事情改变了一切。当时社会上流传着一份奏稿，大家争相传阅，这份神秘的奏稿最后传到了乾隆手中，由此引起了清朝的一起特大奇案——伪稿案。

而一向胆大直言的大臣孙嘉淦竟被活活吓死。我们不禁好奇，这究竟是怎样一个奏稿，居然可以把一个好端端的活人吓死？

乾隆收到这份奏稿是在乾隆十六年（1751 年）八月，批到云贵总督硕色的密折时，折子里掉下来一张纸，正是那份传得沸沸扬扬的奏稿。乾隆拿起来一看，越看眼睛越大，他愤怒地猛击案桌。冷静下来以后，乾隆知道这个稿子虽然署名是孙嘉淦，但肯定不是孙嘉淦写的。这个奏稿文字粗鄙，显然是没什么文化的人托孙嘉淦的名字写的。

伪稿中充斥着大量诽谤朝政的言论，而且捏造乾隆的朱批。乾隆觉得这背后肯定有不可告人的阴谋，决心把这个重大的政治犯揪出来。当然，乾隆指示军机大臣们，这事情不能走漏了风声，最好在无声无息中找到幕后黑手。

乾隆年轻时的偶像是唐太宗，所以对魏徵式的官员有一种叶公好龙般的向往。还是皇子的时候，乾隆就特别敬仰孙嘉淦，等他当了皇帝，立即提拔孙嘉淦为吏部侍郎兼都察院左都御史，让孙嘉淦监督百官。刚开始的时候，孙嘉淦也经常给乾隆谏言，那时乾隆多少还听得进去，甚至当着朝臣的面夸奖孙嘉淦。乾隆三年（1738 年），乾隆提拔孙嘉淦为吏部尚书，后来又让他当直隶总督，大有把他扶上丞相之位的意思。孙嘉淦后来又升为协办大学士，应该说孙嘉淦的前景一片光明，直逼鄂尔泰和张廷玉。

可能正因为孙嘉淦敢于直谏的名声，有人居然冒充他的奏折辱骂当今皇上。乾隆当然知道他是清白的，也告诉他不必担心。但孙嘉淦自己害怕啊，他怕这事迟早会牵累到自己；是啊，这个歹徒为什么谁都不冒充偏偏冒充自己，苍蝇不叮无缝的蛋啊！自己这次恐怕难逃惩罚了，就这样，孙嘉淦越想越怕，时间一长，居然惊吓而死。这太荒唐了，也毁了他从前胆大的名声。可见，在封建社会里没有一个大臣是真正胆大的，即便是魏徵，未尝不是提着脑袋跟唐太宗上班。

孙嘉淦能被吓死，说明这稿子的内容绝对“惊天地泣鬼神”，但具体内容是什么，我们无法知道，因为乾隆已经把相关资料全部销毁了。根据乾隆审理这个案子时在大臣们奏折上的朱批来看，伪稿无非是说乾隆失德，有十大过等，伪稿还为被乾隆冤杀的张广泗鸣冤。

贵州巡抚终于查到线索，伪稿是从一个叫谭永福的商人那里抄出来的。乾隆十六年（1751 年）六月，四川人谭永福到贵州做生意，经过安顺的时候，他对人说自己身上有一份新闻，就这么传开了。根据谭永福的交代，他是跟自己的伙计在云南的一家商号信丰行发现这个奏稿的。线索到了信丰行，信丰行的人说他们是从江西人朱醒庵那里得到底稿的。朱醒庵说是他的同乡从湖北人陈俊臣那里得到底稿的。

湖北官员兴师动众审判陈俊臣，让他们失望的是，陈俊臣也不是伪造稿子的元凶。官员们顺藤摸瓜，摸到了江西一个叫“天一堂”的铺子。江西巡抚舒格终于查出了元凶，不过这个结果让乾隆非常窝火，因为案子的元凶居然是一个名叫罗哲文的死人。

乾隆不甘心，所谓死无对证，查到死人头上万事大吉，自己不是白给人骂了吗？乾隆开始思考，会不会是孙嘉淦得罪了什么人，有人故意报复他呢？循着这个思路去查，也没有查出个所以然。

到了九月，直隶、四川、山东、甘肃、江西、河南、江苏、福建……都在传抄这个稿子，连京城都在传，甚至蒙古王公都看到了伪稿。真是越禁传播的速度越快，三个月后已经捉拿了两百八十多个传抄的犯人，但真正的元凶仍然不知道是谁。

眼看这个案子牵连得越来越大，一些顾全大局的大臣上书请求乾隆终止这个案子，释放株连的人众。御史书成首先上书，乾隆得知后暴跳如雷，其他事情上他可以宽恕，但是涉及自己，乾隆反应非常剧烈，他痛骂书成身为满洲人，却说出大逆不道丧心病狂的话，竟然纵容社会上的人辱骂君主。乾隆愤怒地将书成革职。没多久，侍郎钱陈群也上书请求他终止此案。乾隆又把他痛骂一顿，愤怒地表示，绝对不会停止追查此事。

这一次乾隆是被真正激怒了，所以我们也能理解孙嘉淦为何被吓死。

现在全天下人都知道这件事了，也没有什么好隐瞒了，乾隆决定公开缉拿要犯，号召各地官员先放下手头工作，把缉拿伪稿元凶当成头等大事。经过一年半的追查，因这个案子受牵连的人已经达到上千人，十几名办事不力的督抚大员受到惩罚。尽管在全国范围内展开调查，但元凶还是没有找到。

乾隆只好把气撒在官员身上，两江总督尹继善和江西巡抚鄂昌都受到了处分，被乾隆当面责骂。官员们人人自危，朝野上下鸡犬不宁。

乾隆十七年（1752 年）底，出现了一个新的线索，江西巡抚鄂容安缉拿了传抄伪稿的千总卢鲁生父子。乾隆让鄂容安把他们押到京城审问。军机大臣经过审讯得知，卢鲁生是从南昌守备刘时达那里得到原稿的。根据刘时达的供词，他们并不是伪稿的源头，稿子的源头在江苏。

最奇怪的是，没过多久，卢鲁生就推翻原供，“承认”稿子就是自己伪造的，表示愿意认罪伏法。案子就这么结了，卢鲁生被判凌迟，他的两个儿子被处斩。除了查抄官员按律法处置外，其他株连之人全部释放。

乾隆为什么要匆匆结案呢？他真的相信卢鲁生是元凶吗？乾隆是何等精明的人，他知道这个案子再查下去只会越陷越深，所以指示军机大臣逼迫卢鲁生承认自己就是元凶，给自己一个台阶下，也好终止这起惊天大案。

真正的元凶是谁已经不重要了，最关键的是乾隆已经达到了自己的政治目的，通过这起案子，震慑了那些对自己不满的人。

两个不要命的疯子

在现代社会疯子杀人理论上是无罪的，如果说疯子说了什么疯话，大家都不会跟他们一般见识。别人是疯子，跟疯子计较岂不是代表自己也是疯子？然而，在封建社会，专制政府比疯子还疯，一个疯子说了几句狂悖的话，居然要将其置于死地。

乾隆十六年（1751 年），山西巡抚阿思哈抓获了一个叫王肇基的人，这个人既没偷什么，又没抢什么，只不过说了一些胡话。但是，阿思哈却比抓到盗贼更加警惕，亲自审问他。其实，这个王肇基并不是什么疯子，不过是个穷酸秀才，想当官想发财想疯了。

皇太后万寿，他胡诌了一首诗歌颂皇太后，想谋个一官半职。他把这首诗投给山西汾州府的衙门，想让衙门的人给自己推荐个一官半职干干。

同知图桑阿本拿到诗一看，发现全是阿谀之词，阿谀倒没问题，拍马屁也是好的，但关键要拍对地方、拍到点子上。王肇基万万没想到，谋官不成，反而惹祸。他在诗歌下面附了一段评论，正是这段评论要了他的命。

我们现在不知道这段评论到底写了什么，不过官方说王肇基的言论“毁谤圣贤，狂妄悖逆”，看来王肇基对时政发表了一些自以为是的评论。

阿思哈派人到王肇基家里搜，发现了更多悖逆的书文。王肇基辩解说：“我不过是一个小民，写诗祝贺皇太后，只希望圣上喜欢，没有其他意思。”

阿思哈又问：“你在诗后面发表议论，妄议国事，指责大臣，毁谤圣贤，到底是何用意？”

王肇回答：“现在是尧舜盛世，我怎么可能毁谤朝廷呢？我不过是把孔孟程朱的话糅合在一起，以显示自己有学问，希望皇上欣赏我，赏个一官半职。”

阿思哈开始还怀疑王肇基可能跟伪稿案有牵连，后来发现他不过是一个“疯汉”，他奏请乾隆，请乾隆定夺。这种事，在雍正朝最多就是打一顿或者关几个月，然后再释放。但乾隆比乃父更狠毒，居然让阿思哈把王肇基杖毙于廷下。

杖毙是非常残忍的一种刑罚，比斩立决更残酷，仅次于凌迟。王肇基并不是一个真正的疯子，他的死还可以说是因言论获罪。

两年后，一个真正的精神病人被凌迟，这是大清国第一个被酷刑处死的精神病犯人。此后，陆续有精神病患者被处死。

这个人叫丁文斌。丁文斌从小就是一个孤僻多疑之人，读过一些书，但是连秀才都没有考上。他与母亲相依为命，靠打短工为生。乾隆十二年（1747 年），他母亲病死。自此以后，丁文斌的性情发生了明显的变化，经常自言自语，对着墙壁说话。丁文斌的生活更加悲惨，要文没文，要力气没力气，生活过得很艰难。

随着时间的推移，他的精神越来越混乱，也没多少人愿意请他抄写或是授课。走投无路之下，他跑到路边摆摊，为人测字算命。一个精神病人给人算命这是非常荒唐的，很快他就混不下去，沦落为乞丐。

虽然生活这么艰难，他在内心里还幻想着娶到一个漂亮老婆。乞讨的时候，他暗恋上董家的黄花闺女，虽然他是疯子，也知道这是癞蛤蟆想吃天鹅肉，不可能的事。丁文斌知道，要想娶到漂亮媳妇必须有钱啊！

但是怎样才能有钱呢？最好的办法莫过于自己造钱，这样不就成为富翁了吗？丁文斌在想象中把自己造的钱命名为“太公九府钱”。意淫的滋味是甜美的，可是睁开眼一看，失落感更重。想来想去他发现钱不是解决问题的根本办法，自己之所以这么下贱，倒不是因为没钱，而是因为没权势啊！

丁文斌可算是想到点子上了，对于他这样的人这是认知的突破，但也是死亡的开始。丁文斌想入非非，世上最有权势的人莫过于皇帝，皇帝要什么有什么。如果当了皇帝，不就什么都有了吗？很多造反的人都跟丁文斌有相似的想法，不过他们好歹是理智的，知道能不能当上皇帝靠的是实力和运气，而不是空想。

但丁文斌除了空想，什么都不会。到了中年时，丁文斌的病情已经非常严重了，经常出现幻觉。后来，他经常听到“上帝”在跟自己说话，在“上帝”的启示下，他写下了《文武记》和《太公望传》这两本书。他自认为这两本书写得相当好，想投石问路，找个公职做做，便拦住了江苏学政庄有恭的轿子。庄有恭是个很有学问的人，丁文斌指望他能看上自己。

没想到，书是送给了庄有恭，但此后毫无音信。没办法，丁文斌又沉入了幻想中。“上帝”又开始对他说话了，让他把以前的作品改写成《洪范》和《春秋》。丁文斌于是开始修改了，他把书中的“丁子日”统统改成“天子日”或“王帝日”。在中国古代史书里，只能用帝王的年号纪年，而丁文斌居然自号“丁子”，用自己的号来纪年。这已经是大逆不道了，他后来改成天子和王帝，那是因为他觉得自己就是天子和皇帝。

丁文斌还决定定国号和年号，准备颁布一本《时宪书》，让天下人都奉新朝为正朔。丁文斌把国号定位大明，年号用天元。

丁文斌如果只是自己想想，还不至于送命，但他居然异想天开，准备去山东把自己的书交给孔子的后代。孔子的第七十一世孙孔昭焕看到丁文斌这些书，立刻下令府里的人把他捆起来，并迅速将这事禀报乾隆。

这个案子简直不用审了，反迹昭彰，唯一要考虑的是丁文斌是精神病。审讯中，丁文斌表示自己所做的一切都是出自上帝的旨意。审讯官荒唐到什么地步？居然让他把上帝叫出来。

杨应琚负责审理此案，他经历的事情多，虽然不懂现代精神病学，但是也知道这种情况是大脑出了问题。杨应琚在审理这个案子时最担心的就是这个精神病血口喷人，乱咬一气，把朝中大官都咬进来。所以，他希望快点结案。他也知道乾隆是个非常多疑的人；如果乾隆疑虑加深，本来没什么事情，都会弄出许多事情来。

乾隆跟杨应琚的想法差不多，都主张尽快把犯人按大逆罪凌迟处死。

就这样，一个疯子在众目睽睽之下被凌迟处死，看客们的表情都非常麻木。只有一个人有所触动，这个人就是庄有恭。庄有恭当然不是同情丁文斌，是他自己跟着遭殃了。乾隆不久发现了丁文斌曾经给庄有恭投书。庄有恭早把这事忘在脑后了，等到想起时，拿起那本书给乾隆。乾隆发现这本书跟从丁文斌身上搜出的书完全不一样，认为庄有恭故意隐瞒。

乾隆决定罚款：你庄有恭做了多少年的官，把你的拿到的薪水乘以十，好好还吧！自己没还完，后代接着还。十四年后，庄有恭郁闷而死，死前还欠了六万多两银子。

此后，乾隆还处决了直隶的疯子刘德照等人，以及一些因为笔误而受处罚的人。

对疯子搞文字狱，而且文字狱一搞势必牵连到罪犯的家人，这种荒唐事竟然发生在号称明君的乾隆头上。后来一些大臣实在看不下去了，斗胆对乾隆说，这些疯子疯言疯语，即使要惩罚，止于他们自身就行了，没必要牵累到家人，并不是家人把他们逼疯的。

乾隆好像听进去了，也好像没听进去。

制造文字狱让乾隆很刺激

和珅如果被乾隆看上了，那是好事；胡中藻若是被乾隆看上了，得小心了。胡中藻是什么人？鄂尔泰的得意门生啊！鄂尔泰又是谁？乾隆要打击的朋党头目啊！

胡中藻这个人做官比较谨慎，没有给人留下什么把柄，要通过正规途径整他没那么容易。但乾隆一点也不担心，胡中藻不是写了一本诗集，叫《坚磨生诗钞》吗？那好吧，就从这本诗集入手。

汉字内涵那么丰富，就不信找不到胡中藻的把柄。胡中藻，你自号坚磨生，这次我就要磨得你生不如死。乾隆把这个任务交给军机处行走蒋溥，蒋溥的任务是先搜罗“罪证”，等乾隆觉得时机合适再出手，所以这个任务一定是保密的。如果蒋溥泄露出去，十个脑袋也保不住。

就这样，蒋溥拿着《坚磨生诗钞》苦苦研读。老实说，这个任务真不轻松。出于文人的一种虚荣，坚磨生同志写诗的时候特别喜欢用一些奇险的文字，来显示自己的文采非同一般。

我们不妨把蒋溥从鸡蛋里挑出的骨头罗列一下，看到这些“骨头”我们一定佩服中国人在罗织罪名方面的创造力。

你胡中藻用“坚磨生”为号，意思无非是说自己操守很坚定，到底是何居心呢？莫非是想跟我大清“坚磨”到底？想念明朝你就直说。

诗中有这么一句：“一把心肠论浊清。”清是我大清的国号，你把浊字放在清前面到底是什么意思？

胡中藻还有一句怪诗：“老佛如今无病病，朝门闻说不开开。”乾隆认为“老佛”暗指自己，乾隆生气了，我天天上朝，你怎么说“朝门不开”呢？

《孝贤皇后之丧》中有这样的诗句：“并花已觉单无蒂”，本意是歌颂帝后恩爱深情，乾隆却偏要说这是讽刺皇后干政，乾隆反问：“我几时让皇后干预朝政？”

类似的“骨头”有很多。乾隆二十年（1755年），乾隆发动对准噶尔的战争，朝中多有不满者。乾隆突然拿出胡中藻诗歌问题，借机发难，想让朝臣们噤声。

我们可以看看乾隆这个文字狱，整人的迹象太明显了，完全是欲加之罪。雍正也搞文字狱，但比乾隆的水平和境界明显高出很多。雍正曾经想整查嗣庭，说查嗣庭出的试题中有怨气，但他又表示，如果单凭这点就治罪，显然会给人留下搞文字狱的话柄。最后，雍正揪出了查嗣庭曾经非难和批评康熙的言论——在专制时代这可是能置人于死地的铁证，最后雍正以“孝子”的身份处死了查嗣庭。

乾隆可没这个耐心，他要借机除掉朋党，打击反对自己的势力，哪顾得上那么多。

胡中藻的案子牵连到鄂尔泰的侄子鄂昌，在鄂昌的书信中也发现了大量“罪证”，两人一同入狱。乾隆开恩，让鄂昌自尽，等于是拿他做典型，警告满洲大臣不要和汉人来往唱和，更不要结党营私，否则下场就是这样。

胡中藻被处斩，祸及族人和亲友。

果然这个案子爆发后，朝野上下无不震荡，不仅鄂尔泰这边惊慌，张廷玉那边也紧张不安。

写诗是刀尖上的舞蹈

乾隆三十二年（1767年）正月，正是千家万户喜庆的日子，松江府华亭县（今上海市松江区）人蔡显慌慌张张地抱着一大堆书籍跑到府衙里，对着青天大老爷哭喊，说自己书中没有半点悖逆字句，希望大老爷明鉴。

这个蔡显也算是文化人，在雍正七年（1729 年）中举，尽管如此，他却没能在仕途上发展。我们知道，在古代中举理论上是可以当官的，但实际情况却不是这样。首先必须要有缺，其次你还得有关系，上面有人推荐你补这个缺。

虽然考上了举人，但是没官做，难免会有一些牢骚。蔡显自号闲渔，喜欢学着魏晋名士的派头，跟文人雅士们一起饮酒赋诗。经过多年的积累，蔡显印有《闲渔闲闲录》《宵行杂识》《潭上闲渔稿》和《红蕉诗话》等书。

其中最有名的是《闲渔闲闲录》，古人说不平则鸣，没有牢骚就没法写诗。在《闲渔闲闲录》中充斥着大量的牢骚，对官府的种种行为多有讽刺。当然，这本书出来后也确实引起了不小的反响，一些文人为诗人的才华倾倒，嬉笑怒骂皆能看出作者文采斐然，简直就是乾隆时期的韩寒，恰好两人也都是松江的。

不过蔡显可没韩寒幸运，在乾隆眼皮底下写讽刺诗，那可是刀尖上的舞蹈，不是亡命徒，别干这种事。这不，被人告发了，蔡显慌了。他自己跑到衙门里坦白，坚信自己并无悖逆之罪。蔡显有这种自信是好的，因为发牢骚跟语言悖逆还是有本质区别的；但要看对方是什么人，因为双方对悖逆的标准明显定得不一样，在一般人看来很平常的话，到了清廷那里就变成大逆不道了。

果然，这事松江府不敢做主，上报给两广总督高晋和江苏巡抚明德，这两人既然能在乾隆手下当大员，脾气也跟乾隆一样：无事生非，小题大做。他们认为蔡显：心怀不轨，创作逆书，毁谤朝廷，丧心病狂，罪大恶极，应该按照大逆律凌迟处死，亲戚家属一律连坐。

《闲渔闲闲录》这本书送到乾隆案桌前，乾隆毕竟也是个文化人，他翻了翻这些书，不觉得有什么大逆，只不过牢骚多了点而已，说实话，乾隆还觉得这个人确实有些才华。所以，刚开始的时候，乾隆根本没考虑按大逆律对待蔡显的，甚至都打算教训一顿无罪释放。然而，随着乾隆通观全书，他的态度发生了微妙的改变。

乾隆发现书中竟然有这样的话：“戴名世以南山集弃世，钱名世以年案得罪……”说的是康熙和雍正年间的文字狱，乾隆心想，这都什么话啊，我想饶你蔡显，你蔡显自己要找死。这条真正谋逆的“罪证”高晋和明德都没有发现，他们发现的只是一些模棱两可的诗句，比如：“莫教行化乌肠国，风雨龙王欲怒嗔”“风雨从所好，南北杳难分”等。

说实话能从这些诗句中看出大逆不道那是很需要脑细胞的，“莫教”那两句诗大概是说乾隆乾纲独断、喜怒无常，做事不依靠道德和法律，完全凭个人喜恶办事。“风雨从所好，南北杳难分”更隐晦了，大概是说朝廷上上下下都从上所好，是非曲直已经完全分不清楚了。

《闲渔闲闲录》中还有《哀漳城》这首诗："城里无烟白日荒，北军搜尽万家粮。戈船蔽海天常黑，铁骑飞沙雾转黄。一郡饥魂哭秋雨，千山战骨夜埋霜。我生不尽哀时感，衰草寒夜几断肠。"这首诗很明显是在控诉清朝入关的暴行，蔡显即使想辩解，也很难成功，就算是今天人们也能一眼看出其中的意思，别说是当时敏感的朝廷。

蔡显真是该死，碰到乾隆这么敏感的文化皇帝。《闲渔闲闲录》立即被宣布为禁书，蔡显也进入了最恐怖的审判环节。在酷刑逼供下，蔡显只好认罪，说自己是草野无知，无心写下这些东西，没想到其中有寓意，实在是罪该万死。

高晋奏请凌迟处死蔡显，乾隆施恩，判为斩立决。蔡显长子蔡必照改为斩监候，秋后处决，两个幼子和女儿发配功臣为奴。蔡显的弟子们杖打一百，流放三千里。印书的人杖打八十。一些办事不力的官员也受到惩罚，高晋和明德本来是想邀功，结果受到乾隆的责备，说他们姑息养奸，理由是没有发现真正"大逆"的文字，反而把一些发牢骚的文字当成"大逆"。

蔡显虽死，从他的文字中我们确实可以能看到此人的才华，他的诗意境也不错，如果生活在一个较开明的朝代，大概可以过上文人雅士的风流生活。

接下来我们要说的是与吕留良、黄宗羲、杭世骏齐名的齐周华，这四人并称为浙江四贤。

齐周华是浙江台州天台县人，这人也是一个大儒，而且胆子非常大。

一切还得从吕留良说起。吕留良是名满天下的大儒，曾静奉他为精神导师，在雍正期间，出现了曾静逆书案。这个案子是非常滑稽的，曾静和弟子张照无罪释放，倒是死人吕留良受到株连，被开棺戮尸。这种结果用雍正自己的话说是“出奇料理”，但显然是很不公平的，所以当时就有人写诗鸣不平：

走狗狂惑不见烹，祥麟反作釜中羹。
看彻世事浑如许，头发冲冠剑欲鸣！

写诗的人就是齐周华，他还怕别人看不懂，附上注解：“曾静该杀却不杀，吕晚村无罪却坐罪。这是古今一大恨事啊！”

在齐周华看来，曾静谋逆明显，该杀；但吕留良是一个大儒兼思想家，没有犯任何罪，却受到株连。作者非常愤怒，说世道浑浊到这个地步，自己怒发冲冠，连剑都在鸣动不平。发牢骚还行，但如果愤怒到利剑都快要出鞘，这似乎是一个危险的征兆。

雍正于是开始搜捕这个大逆不道之人。齐周华居然不屑于捉迷藏，站出来光明磊落地跟雍正对峙。雍正虽然残酷，但比乾隆要好很多，他倒没有杀了齐周华，更没有将他凌迟处死，只是下令将他永远圈禁。

齐周华是个汉子，雍正未尝不在心里敬佩他；闽浙总督也对他颇为佩服，曾写诗奉劝他："物外有人闲始见，山中可乐老方知。"希望他不要再管闲事，好好寄情于山水吧！

乾隆即位以后，天下大赦，齐周华也获得了自由。乾隆上台后推行了一些新政，又让齐周华看到了希望，按捺不住"过问世事"的冲动。

很快齐周华就失望了，他发现这个新皇帝并不比雍正好多少，他上台后处死了曾静师徒，却没有为吕留良平反，也没有召回吕留良发配的家人。后来，齐周华到武当山当了十年的道士。乾隆二十一年（1756 年），他的儿子把他接回家还俗。没想到这么一来就出事了。

齐周华回到家里后，脾气非常怪异，他要变卖家产，出版自己这辈子写的作品。最后，闹得跟家人亲族不合，自己搬到城外的一个小楼里居住，关起门来谁也不见，成了孤家寡人。族长齐长庚甚至向官府申请把齐周华逐出宗族，齐周华大骂齐长庚的老婆已经七十了，还到处偷人，简直人尽可夫。最后到了什么地步？齐周华的两个儿子痛打父亲，全家人都排斥他。他的家人之所以这么做自是担心这个倔强的老头遗祸家门，清代动不动就搞文字狱，他又口无遮拦，这种担心也是可以理解的。

不久，齐周华在杭州把自己平生所写的著作出版，并亲自写了对联："恶劫难逃，早知不得其死；斯文未丧，庶几无忝所生。"这说明齐周华早就知道自己难逃一死，但自言对得起生养自己的父母。

齐周华也是自己想死，这人间在他眼里已是地狱。当时他家人反对他出书，倒未必是吝惜钱财，而是担心身家性命。齐周华不怕死，他们可怕死。

亲眼见过那么多文字狱，齐周华应该是有心理准备的，他与族人闹翻可能就是为了保护他们。在自己的著作中，齐周华把涉及他人之处全部删除，直面乾隆这个专制魔鬼。

乾隆三十二年（1767 年）十月二十四日，浙江巡抚熊学鹏到天台县视察，齐周华拦住他的轿子，献上自己的《名山藏》等书，此外他还呈上一个状子，告发自己的亲族“迫害”自己。

案子一审就是个文字狱，齐周华供认不讳，只是否认李绂、谢济世、沈德潜、房明畴等人为自己作序，这些他全部都改名了，声称是托人伪作，其实全是自己写的。乾隆明白，这个人是公开挑衅自己，下令将齐周华凌迟处死。

遗憾的是，齐周华为亲朋好友设的脱身之计在奸诈的乾隆面前完全没起作用。齐周华的子孙照样连坐，其中四人拟斩监候，妻妾儿媳及小孩发配功臣为奴。堂弟齐召南本是礼部侍郎，被革职抄家，回家不久，齐召南就忧愤而死。李绂、谢济世等人虽去世已久，但也被抄家。

齐周华一案不仅牵连甚重，而且著作也被焚毁，他想藏之名山、期盼警醒后来者的愿望也落空了。

一柱楼里飘出死亡气息

死神从天而降

江浙一带是文字狱的重灾区，一柱楼诗案也是发生在江南。这起冤案非常恐怖，不仅牵连了许多活着的人，还牵连到死去的人。在乾隆后期，人们提起这个案子无不心惊胆战，这个案子与康熙朝的庄氏史狱、戴名世的南山案和雍正朝的查嗣庭案，并称为清朝四大文字冤狱。

能够列入四大冤狱，说明总有些与众不同的地方，我们来看看吧！

徐述夔，扬州东台县人。他是一个神童般的人物，在古代这是一个不好的征兆，平庸才能平安，平安是福啊！徐述夔十七岁考上秀才，三十五岁考上举人，科举之路虽然走得缓慢一点，但他对前途充满希望，希望能一展宏图，成为国家栋梁。

不过，他的思想还没调整好，没有调整到朝廷需要的那个频道。他曾经对学生说过："本朝剃头不如明朝剃头好看。"其实，他也就是发发牢骚，自视才高，却没有得到重用。不平则鸣，他写下了诸如此类的诗句："旧日天心原梦梦，近来世事益非非""江北久无干净土，乾坤何处可为家"等。

徐述夔之所以这么不得志，是因为他犯了一个错误。他考中举人那年的试题是《君使臣以礼》，徐述夔在答卷中写下了“礼者，君所自尽也”，结合上下文看这只是很平常的句子，但是把君和自尽放在一起，一下子就被审阅的礼部官员发现了。根据清朝科场的规矩，举人的答卷必须交到京城，由礼部官员审阅。

这么一来，徐述夔的仕途就此终结，甚至此后都不得参加进士考试。心灰意冷的他回到家里，专心写作，以此来表达怀才不遇的愤懑之情。

徐述夔打算这辈子就过一种书斋生活了，他特地为自己建造了一个别致的小楼作为书房。这个小楼很奇特，中间是一根大柱子，在柱子上端辟了两层，其他的梁柱都是嫁接在大柱子上的，所以整栋楼看起来就像是一把雨伞。楼梯是在外面的，在楼的下面有回廊和天井，种着许多梅树，环境确实不错。

徐述夔在这里读了一辈子书，也写了一辈子书，直到乾隆二十八年（1763 年）去世，终年六十岁。他给后人留下了许多诗集和小说，其中有《一柱楼诗》《快士传》《五色石传奇》《八洞天》等作品。

在徐述夔生前，这些书都没有拿去出版；乾隆二十八年（1763 年），他的儿子为了纪念他，把他的遗作拿去出版。万万没想到居然惹来了大祸！

徐述夔的书中到底写了什么大逆不道的东西呢？

首先我们说说他的诗集。在诗中有这样一些句子，譬如

“明朝期振翮，一举去清都”“举杯忽见明天子，且把壶儿抛半边”等，这些句子确实有对清代失望、怀念明代的意思。

《快士传》是一本小说，小说的主人公是一个落榜文人，在书中作者细致地描绘了落榜文人的那种痛苦和无奈。书中也提到文字狱。这部小说文字优美，情节曲折，算得上佳作。

其他的作品“逆情”不是很大。徐述夔的作品是非常丰富的，感兴趣的朋友可以百度一下，然后到图书馆里借他的书看看。

怎么就给盯上了呢？

有人猜测，徐述夔给小楼取名为“一柱楼”是有深意的，“一柱”便是“易朱”的意思，由此推测徐述夔有反清复明的思想。当然也有人说，徐述夔取这个名字是想表现自己鹤立鸡群、卓而不类。这些看法都只是猜测，即使徐述夔真有“易朱”的意思，也不能根据这个楼名给他定罪。

徐述夔的儿子徐怀祖刊发了父亲的书籍后，还到处送人，在出版界引起了不小的轰动，许多人争相购买徐述夔的书籍，连江南诗坛泰斗沈德潜也赞不绝口。沈德潜跟徐述夔在同一年考中举人，两人虽然交往不是很密切，但也认识。他亲自为徐述夔写了一篇传记，称赞徐述夔人品和才华双绝，是天下读书人学习的榜样。

这桩文字狱是在徐述夔书籍出版十四年后爆发的。究竟是如何引起乾隆注意的呢？

原来徐述夔的家乡有几个望族，徐家就是其中之一，但是徐蔡两家的关系很不好。两家经常闹矛盾，对簿公堂。乾隆四十二年（1777年），徐述夔的儿子徐怀祖去世，蔡家这时想赎回以前卖给徐家的田。徐怀祖曾经花了两千四百两银子从蔡家买了几顷的土地，当时是公平交易，愿买愿卖。

没想到蔡耘的堂兄蔡嘉树考上监生后，忽然要赎回田地，借口这块地里有他们家的祖坟。赎回也没问题，出价要合理，但蔡家只肯出九百六十两。不升值也就算了，你还贬值，谁卖啊！徐怀祖的儿子徐食田和徐食书很为难，他知道这是蔡家故意要敲诈他们。

蔡家在这个时候敲诈不仅仅是因为徐怀祖过世，更主要的是乾隆的禁书政策越来越严厉。蔡嘉树看过徐述夔的书，知道里面有文章可做。所以他威胁徐家，如果不把田让给自己，就去告官。

徐食田做出了一个正确的决定，他觉得与其被蔡嘉树勒索要挟，不如主动将祖父的作品呈给官府。他们之所以这么做，是有据可依的——乾隆颁布了谕旨，只要在两年限期内交出禁书，可以免掉私藏禁书的罪名。

蔡嘉树敲诈不成，岂肯罢休，便去东台县县衙告发徐述夔书中有悖逆的话。县令不敢做主，立即送到江苏书局。江苏书局那边又把书退回来了，让他们标上“违碍”的句子。与此同时，东台县县令在判徐蔡两家的官司，把有祖坟的十亩田拨给蔡家。但蔡嘉树仍不满足，这距离他的期望还有距离，他甚至认为县令偏袒徐家，准备一举将徐家和县令一起告倒。

乾隆四十三年（1778 年）六月，蔡嘉树直接跑到江宁布政使衙门去告状。布政使官员陶易也不是傻子，了解了整个案情后，他认为是蔡嘉树想低价赎回田地，没有得逞后故意报复；徐食田在规定时间内交出了禁书，理应免罪。陶易对蔡嘉树的行为非常鄙视，还在他的告发信上狠狠地批评了一顿。

陶易知道蔡嘉树是个卑鄙小人，肯定不会善罢甘休，便让幕僚陆琰去处理这件事。陆琰比陶易的性情更耿直，他给蔡嘉树发出一个警告："写书的人如果在诗句中有疑似悖逆的文字，却没有实际悖逆的行为，那么，这个检举作者的人要判处诬告罪。"实际上是警告蔡嘉树及时收手。

扬州知府谢启昆后来才得知此事，说实话，他是胆战心惊的。虽说陶易是他的上司，但他做官时间比陶易要长，知道文字的问题不能这么随便处理。本来，徐家已经把书在规定时间内交出去，蔡嘉树是无事生非，案子可以轻松了结。但这事千万不能让乾隆知道了，乾隆对文字向来是宁紧勿松的。

它又是如何变成一个惊天大案的呢？这还得从我们熟知的宰相刘罗锅说起。

刘罗锅干的好事

扬州衙门本来是想快点了结案子，不想也不敢惊动乾隆。没想到，乾隆居然知道了，这个惊动乾隆的人便是刘罗锅刘墉。刘墉当时在江苏担任学政，一个门生送给他一本《一柱楼诗》和沈德潜写的《徐述夔传》。

刘墉是个非常忠心的奴才，他收到这本书后，立即上报给乾隆。乾隆拿到诗集，很快就读完了。诗写得还不错，乾隆心想，但是里面愤激的话太多了，这个徐述夔是不是生前吃了火药。乾隆告诉刘墉，如果这个徐述夔还活着，一定得好好惩罚他，他的孙子徐食田是在别人告发后才把书交出，也应该治罪，沈德潜不知好歹，为他作传，本来也该治罪，看他已经去世，就算了吧。

乾隆刚开始时也没想要大惊小怪，不过江苏巡抚杨魁给他一个奏折后，一切都变了。杨魁把蔡嘉树告状的过程添油加醋地复述了一遍，他说徐食田贿赂官吏，阻挠蔡嘉树告发。乾隆愤怒了，他让人把徐食田押到京城。

署理两江总督萨载火上浇油，极力怂恿乾隆把这个案子搞大，将徐述夔开棺戮尸。乾隆同意，将这个案子定为“罪大恶极”的逆案。乾隆其实是想把这个案子搞成一场政治运动，通过禁书达到思想改造和震慑官员的目的。

乾隆根本不给江苏官员们解释的机会，立即下令把布政使陶易、扬州知府谢启昆等人革职，押到京城审讯。

帝王心黑似洞

乾隆在处理这个案子的时候不是没有考虑到其中可能另有隐情，也就是说徐食田很可能是冤枉的。徐食田确实是在别人告发之前就把书呈交官府，但杨魁和萨载的奏折都说是告发后才送上去的。

乾隆想，如果徐食田在告发之前就呈交逆书，那么陶易判决蔡嘉树诬陷罪也是合理的，扬州知府谢启昆也是照章办事，没什么可指责的，唯一的罪犯就是蔡嘉树了。但是，这么一来，乾隆想震慑天下官员和百姓的政治目的就达不到了。

乾隆决定先让人弄清事实。事实出来后，乾隆很失望，原来徐食田真是被冤枉的，蔡嘉树确实是一个无赖。现在是应该处死好人，还是惩罚无赖，相信是个正常人都不难做出判断。

可惜，乾隆不是一个普通人，他是一个帝王，在他心里有一个深深的黑洞，黑洞一旦打开，所有良知和道德都会被吸进去，剩下的只有个人的欲望。

宁可错杀三千，也不能放过一个，只有这样才能稳固江山。令人气愤的是，蔡嘉树最后也承认自己是诬告，乾隆要拿起屠刀还必须找到一个合适的理由。

如何给徐食田治罪呢？乾隆玩起了文字游戏，他让刑部官员把《大清律例》中的话换个说法，意思全变了，刑部官员对徐食田说："听说别人要告自己，然后才能自首，不能算是真的自首，这种自首只能减罪，不能免罪。"

到最后连减罪也没了，官员们纷纷揣摩圣意说，这种自首太不真诚，所以不宜减罪。这条路打通后，后面怎么定罪全看乾隆了。乾隆说徐述夔这个人心怀大逆，对清朝极度不满，希望有一天遇到明主，反清复明，正所谓“明朝期振翮，一举去清都”。在乾隆看来这句诗的意思分明就是希望离开清朝，重新回到明朝。古代不像现代有穿越，回到明朝只能造反了。又说“举杯忽见明天子，且把壶儿抛半边”，这意思太明显了，“壶儿”和“胡儿”是谐音，壶儿抛半边就是推倒的意思，推翻了清朝自然就跟大明天子相见了。“青”字的形状像壶，把壶倾斜就会滴出水，也就是“清”字了。徐述夔确实太有才了。

最后我们看看处罚。

江宁布政使陶易被判斩监候，秋后处决，罪名是袒护罪犯，阻挠告状者；陶易没等到秋后处决，就在狱中病死。

徐述夔诋毁清朝，罪恶滔天，他的儿子徐怀祖将他的书公开出版，罪不可恕，两人开棺戮尸，枭首示众，抛尸荒野。

徐食田和徐食书被判斩立决；徐述夔的两个学生徐首发、沈成濯担任诗集校对，却不检举，斩立决；陶易的幕僚陆琰有心袒护犯人，斩立决。事后，乾隆“开恩”，把这五人的斩立决改判为斩监候。

这个案子中，徐家十六岁以上的男子全部被斩首，其余人等发配为奴，财产籍没。

为徐书作跋的毛澄杖责一百，发配三千里。

扬州知府谢启昆杖责一百，服劳役三年。

写到这里，读者可能以为蔡嘉树肯定能得到一笔不小的奖金吧！蔡嘉树什么也没得到，判决书说他挟私报复，诬告徐食田贿赂官吏，本应有罪，念他检举逆案有功，将功抵罪。

最后我们说说为徐述夔作序的沈德潜。沈德潜是诗坛泰斗，也是乾隆的宠臣。在沈德潜生前，乾隆是非常器重他的，经常给他写信。沈德潜以九十七岁的高寿去世，乾隆赐他“文悫”的谥号，还亲笔为他书写墓碑。但帝王是说翻脸就翻脸的，乾隆下令褫夺沈德潜的一切谥号和官职，并命人将自己亲手写的墓碑推倒，抹去自己亲手写的文字，再将墓碑捣成碎块，分散扔在荒野中，并在乡贤祠中撤出他的牌位。

乾隆把事情做到这份上，不单单是出于政治目的，还是为了发泄愤怒。如果没有愤怒，他不至于连沈德潜的墓碑都要捣毁。

“十全武功”“诗人皇帝”这些称誉的背后，乾隆其实是一只权力野兽。

第十二章 “恋”上和珅

当乾隆看到和珅时，有种好像在哪儿见过的感觉，猛地想起这人跟二十年前的那个妃子很像。于是，就把和珅秘密叫进宫里，要看看他的脖子，果然发现和珅的脖子上有个指痕。

真实的和珅

真实的和珅跟电视剧里王刚老师扮演的完全不一样，和珅是满洲正红旗人，出身于清朝盛产皇后的家族钮祜禄氏。和珅的家族有过非常显赫的历史，和珅承袭了家族传下来的三等轻车都尉头衔。家里经济条件不是很好，但出身绝对算不错的。

不过，和珅早年的命不好，父亲早逝，家里无钱，只好借债读书。那么和珅到底是个什么样的人呢？

中国人的话如果不可信，我们可以看看外国人的记载。马戛尔尼见过和珅，他跟和珅无冤无仇，所以评价相对客观。他说和珅是一个美男子，相貌很俊秀，看上去潇洒有风度，言谈幽默诙谐，反应也很敏捷，是个讨人喜欢的角色。

马戛尔尼告诉我们，坏人未必是一副让人讨厌的样子，好人也未必是讨人喜欢的样子。和珅也是个相当聪明的人，诗词歌赋样样都会。正因为才华出众，他才能得到乾隆的青睐。

有这样一个传说，说是乾隆做皇子时跟雍正的一个妃子有暧昧之情。一天，乾隆进宫，看到雍正的妃子在梳妆。乾隆被她的美貌打动，居然想跟她开个玩笑，从背后捂住了她的眼睛。这个妃子不知道是乾隆，受了惊吓，用梳子朝身后打去，打中了乾隆的额头。雍正发现了乾隆额头的印痕，便问是怎么回事。乾隆不敢隐瞒，只好把事情和盘托出。雍正听了以后，认为是这个妃子挑逗皇子，便下令把她赐死。

当时乾隆很怕雍正，虽然明知妃子有冤，也不敢替她辩解，其实是怕惹祸上身。不过当时乾隆还是很难过的。他跑到妃子的房间里，发现她已经悬梁自尽，但还没有气绝。乾隆便在指头上蘸了一点胭脂，按在妃子的脖子上，说："是我害了你，如果你在天有灵，二十年后再来找我吧！"

当乾隆看到和珅时，有种好像在哪儿见过的感觉，猛地想起这人跟二十年前的那个妃子很像。于是，就把和珅秘密叫进宫里，要看看他的脖子，果然发现和珅的脖子上有个指痕。

这个故事记载于野史，大概是讽刺乾隆与和珅有同性恋关系。乾隆与和珅到底是不是同性恋关系，这个没有证据，只能说不排除这种可能性。

一般认为，和珅是通过才学折服乾隆，逐步受到重用的。这种可能性当然更大一些，乾隆是个喜欢附庸风雅的皇帝，喜欢跟有才的人交往。

读心高手

和珅是乾隆朝发迹最快的一个宠臣，他与皇帝的关系确实非比寻常。和珅固然有才，但才能称不上一流，却位极人臣，被人称为二皇帝。最重要的是，乾隆对和珅的纵容到了无以复加的地步，就算明知道他贪污受贿，也不惩罚。从来没有一个大臣享受到和珅这种待遇，乾隆的重臣阿桂因为查案不力就被降职，要知道，乾隆称阿桂为自己的第一重臣。而阿桂在乾隆面前一直谨言慎行，生怕有什么地方惹乾隆不高兴。

相比而言，和珅的胆子大多了，常常一副有恃无恐的样子。综合多种因素考虑，外界传言和珅是乾隆的男宠并不是空穴来风。我们来看看和珅的发迹史吧！

乾隆四十年（1775 年），和珅只是一个乾清门侍卫；到了十一月，他就已经是御前侍卫，兼正蓝旗满洲副都统。

第二年正月，他又升为户部右侍郎；三月，担任军机大臣；四月，当上内务府大臣；十一月，授国史馆副总裁；十二月，兼任内务府三旗官兵事务，并得到在紫禁城内骑马的殊荣。

后来，他又担任九门提督、崇文门税务总督、御前大臣、户部尚书、议政王大臣、太子太保、理藩院尚书、国史馆总裁、吏部尚书、文华殿大学士等职务。最后被封为一等公，爵位到顶。

在和珅当官期间，虽然做了一大堆坏事，但也做了不少实事，譬如平抑粮价、和国外使节打交道、查办李侍尧等，但这些事情跟他的贪污案相比都不值一提。和珅贪污进了吉尼斯纪录，创造了世界之最。

和珅没有被嘉庆打倒之前，用今天的标准来衡量，他是一个非常成功的人。我们想问的是和珅为什么这么“成功”？

用今天的话来说，和珅是一个心理高手，他总能揣摩到别人内心在想什么，简直是乾隆肚子里的蛔虫。正因为和珅如此“善解人意”，乾隆才感觉自己离不开这个人，在自己没有吩咐之前，这个人就把自己想办的事情办好了。

乾隆很喜欢写诗，为了迎合乾隆，和珅花了很大功夫研究乾隆的诗歌，然后模仿乾隆的风格写诗。乾隆是个非常自恋的人，他当然不会不喜欢自己的诗，所以看到和珅的诗歌，他是打心眼里喜欢，仿佛一个练武的师傅看到徒弟把自己的武功耍得有模有样！乾隆还特别喜欢书法，和珅就模仿乾隆的字体，到最后居然能模仿得惟妙惟肖。

晚年，乾隆干脆把一些奏折交给和珅去批。乾隆喜欢佛教，和珅也精研佛教。总之，乾隆喜欢什么，他就喜欢什么；乾隆讨厌什么，他就讨厌什么。

乾隆四十六年（1781年），召集大家开会，乾隆想增加绿营兵的数量。大臣们大多不赞成，阿桂反对说："增加兵额势必会增加军费，到时候必定加重百姓的负担……"阿桂还没说完，就发现乾隆已经紧绷着脸。这时候，和珅站出来说："增加兵额有什么不好，现在国家这么富足，难道拿不出这点钱？从国库里多拿出三百万两军费对于我们大清不过是小菜一碟。"

乾隆马上面露喜色，心想还是和珅懂朕啊！

和珅不仅会说好话，还会做好事。乾隆喜欢讲排场，花钱如流水，国库里有这么多钱让他花吗？没有，但和珅有办法。和珅是个非常聪明的人，他有办法从各级官员那里敛财，然后再从中抽出一部分供乾隆挥霍。

除了非法勒索之外，和珅还设立了"议罪银"制度，犯了错误的官员只要交纳相应的银钱就能赎罪。如果是个清官，又犯了错，实在交不起，也可以扣工资。这个"议罪银"相当于乾隆的私人小金库，或许这就是乾隆纵容和珅的原因，谁会拆了自家的银行？

嘉庆当然不可能放过和珅，无论是从政治上还是经济上，抑或是私人恩怨上，他都有充足的理由处死和珅。政治上和珅擅权，他这个嗣皇帝当得太难受；经济上，和珅聚敛天下财富，嘉庆上台，国库空虚，急需用钱；私人恩怨上，嘉庆受够了和珅的气，太上皇在的时候无处发泄，太上皇驾崩后，嘉庆就没有顾忌了。

好了，乾隆的故事到这里就结束了。乾隆虽然风风光光地离开了人世，却把问题全都留给了继任者嘉庆。潇洒了一辈子的乾隆却让他们的子孙过着窝囊纠结的生活。

清朝皇帝列表

姓名	庙号	年号	谥号	公元纪年	皇陵
努尔哈赤	太祖	天命	高皇帝	1616	福陵
皇太极	太宗	天聪　崇德	文皇帝	1627	昭陵
福临	世祖	顺治	章皇帝	1644	孝陵
玄烨	圣祖	康熙	仁皇帝	1662	景陵
胤禛	世宗	雍正	宪皇帝	1723	泰陵
弘历	高宗	乾隆	纯皇帝	1736	裕陵
颙琰	仁宗	嘉庆	睿皇帝	1796	昌陵
旻宁	宣宗	道光	成皇帝	1821	慕陵
奕詝	文宗	咸丰	显皇帝	1851	定陵
载淳	穆宗	同治	毅皇帝	1862	惠陵
载湉	德宗	光绪	景皇帝	1875	崇陵
溥仪	逊帝	宣统	—	1909	华龙陵园

图书在版编目 (CIP) 数据

这才是清朝. 5，十全天子 / 鹿鼎公子著 .—北京：中国法制出版社，2019.1

ISBN 978-7-5093-9870-8

Ⅰ. ①这… Ⅱ. ①鹿… Ⅲ. ①中国历史—清代—通俗读物 Ⅳ. ① K249.09

中国版本图书馆 CIP 数据核字（2018）第 251518 号

策划编辑：胡　艺（ngaihu@gmail.com）

责任编辑：胡　艺　周熔希　　封面设计：仙境设计

这才是清朝. 5，十全天子

ZHE CAI SHI QINGCHAO. 5，SHIQUAN TIANZI

著者 / 鹿鼎公子

经销 / 新华书店

印刷 / 三河市国英印务有限公司

开本 / 880 毫米 ×1230 毫米　32 开　　印张 / 8.5　字数 / 163 千

版次 / 2019 年 1 月第 1 版　　2019 年 1 月第 1 次印刷

中国法制出版社出版

书号 ISBN 978-7-5093-9870-8　　定价：36.00 元

北京西单横二条 2 号　　值班电话：010-66026508

邮政编码 100031　　传真：010-66031119

网址：http://www.zgfzs.com　　**编辑部电话：010-66053217**

市场营销部电话：010-66033393　　**邮购部电话：010-66033288**

（如有印装质量问题，请与本社印务部联系调换。电话：010-66032926）